Sphaerichthys osphromenoides selatanensis

Sonderlinge im Aquarium

Mastacembelus circumcinctus

Petrocephalus bovei

Tetraodon mbu

Achirus fasciatus

Ratgeber für Aquarianer

SONDERLINGE IM AQUARIUM

Außergewöhnliche Aquarienfische
Helmut Stallknecht

Chanda ranga

Tetra

© 1995 **Tetra-Verlag**
   Tetra Werke, Dr. rer. nat. Ulrich Baensch GmbH,
   Postfach 15 80, D-49304 Melle, Germany

1. Auflage 1995
ISBN 3-89356-204-4

Bildnachweis:
Alle Fotos von H.-J. Richter außer:
K. Arendt: 65 u.
J. Glaser: 120
Dr. H.-J. Herrmann: 10, 14 u., 15, 17, 19 o., 20, 21, 24 u., 25, 26, 27 o., 32, 33, 34 u., 39 u., 40, 41, 46 o., 47, 48-49, 51, 63, 64, 66, 119, 122, 123
U. Jürchott: 65 o.
M. Kokoscha: 98 o., 99
A. van den Nieuwenhuizen: 31, 72, 73, 82

Lektorische Arbeiten: Dr. Hans-Joachim Herrmann, Martin Pabst

Layout, Satz, Lithos: Flotho Reprotechnik, Osnabrück

Druck: Westermann Druck Zwickau GmbH

Rhoadsia altipinna

Der Autor

Helmut Stallknecht, Jahrgang 1935, befaßt sich schon fast 50 Jahre mit Aquarienfischen und Wasserpflanzen und konnte durch viele empirische Zuchten bereits im
Schüleralter die nach dem 2. Weltkrieg erscheinende Aquarienliteratur kritisch
lesen. Er studierte Geographie, Geologie und Biologie, später Binnenfischereiwirt-
schaft, war als Lehrer, im Großhandel, in Zuchtbetrieben, als Redakteur und Fach-
buchautor tätig. In seinen zahlreichen Beiträgen für Fachzeitschriften spielen Beobachtungen zum Fortpflanzungsverhalten, die gelungene Zucht durch mit aquaristischen Methoden bewirkte Haltungsbedingungen und das Heranführen des Lesers
an auf engstem Raum beobachtbare biologische Zusammenhänge die Hauptrolle.
Die Aquaristik in der damaligen DDR erzwang eine von Liebhabern und Berufs-
züchtern getragene Vermehrung aus vorhandenen Aquarienfischen und Wasserpflanzen nahezu ohne Importe. So erklärt sich das breite Band aquaristischer Erfahrungen durch nahezu sämtliche Fischgruppen, mit denen er sich beschäftigt hat.
Seit 1960 sind mehr als 800 Aufsätze, ab 1969 Broschüren und Bücher einführenden und anleitenden Charakters erschienen, mit denen ungezählte Aquarien-
liebhaber ihre Anfängerjahre erleben und die eigene Profilierung erreichen
konnten. Erhaltungszuchten und Verhaltensbeobachtungen sind die wichtigsten
Anliegen seiner Arbeiten, die dem Leser auch wissenschaftlich komplizierte
Sachverhalte in leicht faßlicher Form nahebringen und eine Umsetzung in die
aquaristische Praxis mit einfachsten Mitteln ermöglichen.
Mit der Wiedervereinigung der deutschen Aquaristik erschloß sich ihm ein
Formenschatz neuer, bis dahin nicht zugänglicher Arten, mit denen ihm zum Teil
Erstnachzuchten gelangen, die seine aquaristische Methodik trefflich bestätigten.

Inhalt

Monocirrhus polyacanthus

Wahrscheinlich hat es niemals mehr Aquarienhalter in Europa gegeben als in der Gegenwart. Dadurch bedingt, wuchs das Angebot von Fischen und Futter, von Aquarien in allen denkbaren Größen und Formen sowie vom erforderlichen technischen Zubehör in einst nicht vorstellbaren Dimensionen. Aquaristik wurde ein beachtlicher Wirtschaftsfaktor. Der damit steigende Konkurrenzdruck hat zu einem recht gleichförmig gestalteten Fischsortiment geführt, das sich weniger aus Inlandzuchten als vielmehr aus Importen zusammensetzt. Diese wiederum stammen sowohl aus Farmzuchten in kostengünstigeren Ländern als auch aus Wildfängen der Heimatgebiete. Saisonbedingt treten dort Massen von Jungfischen auf, die zu einem erheblichen Teil in der anschließenden Trockenzeit umkommen.

Die Basis für eine weit verbreitete Aquaristik wird durch Standard-Arten gewährleistet, deren Eignung sich in über Hundert Jahren Entwicklung herausgestellt hat. Auf dieser Strecke sind trotz guter Eigenschaften und oft auch trotz interessanter Verhaltensweisen manche Fischarten geblieben, die zunächst für die Liebhaber sehr wichtig waren. Sie wurden von Neuheiten abgelöst, die ihrerseits ebenfalls zu verschwinden drohten, wenn Fische entdeckt wurden, die viele Aquarianer als attraktiver empfanden.
Damit drohen aber auch Arten, mit für die biologische Wertung der Aquarienkunde wesentlichen Eigenschaften, verlorenzugehen. Die pauschal mit Fischen verbundenen Vorstellungen - schwimmen herum, oft im Schwarm, fressen einander gegenseitig, auch ihren Laich und die Jungtiere - können

durch Beobachtungen unter heute leicht herstellbaren Bedingungen relativiert werden. Viele bei Fischen nicht vermutete Verhaltensweisen wurden von Aquarianern entdeckt. Von zahlreichen Arten konnten die Lebensanforderungen ermittelt, die Geschlechtsunterschiede und die Fortpflanzungsvoraussetzungen mitgeteilt werden, und schließlich stammen begründete Zweifel an der systematischen Zuordnung mancher Art von Aquarianern, vor allem, weil sie die lebenden Tiere kannten.

Diese Tradition fortzusetzen erfordert gegenwärtig viel Einsatzbereitschaft einzelner interessierter Liebhaber. Gerade weil es so leicht und bequem ist, die heute aktuellen Fische zu erwerben, drohen Randgruppen in Vergessenheit zu geraten. Weil aber durch Umweltverschmutzung und fragwürdige Artenschutzmaßnahmen (ohne ausreichenden Biotopschutz sinnlos!) aus der regelmäßigen Aquariennachzucht fallende Arten oft nur schwer wieder beschaffbar sind, soll mit diesem Büchlein vor allem die Aufmerksamkeit biologisch arbeitender Aquarianer geweckt werden.

Händler müssen rechnen,
Liebhaber können
ihren Neigungen folgen.

Rosenwinkel, Juli 1995
Helmut Stallknecht

Tateurndina ocellicauda

Aquarienfische im Wandel der Mode

Die Industrialisierung in der Mitte und gegen Ende des vorigen Jahrhunderts hatte einerseits zur Folge, daß die im Arbeitsprozeß stehenden Menschen sich zunehmend von der Natur entfernten.

Als Ausgleich versuchten viele, sich ein Stück Natur in die Wohnung zu holen - ein Trend, der bis heute anhält und sogar noch eine Aufgipfelung erfahren hat. Neben Zimmerpflanzen und Stubenvögeln wurden seit über 100 Jahren zunehmend Aquarien zur Zerstreuung und als grüne Ecken im Zimmer gehalten. Dabei war anfangs der kleine Teich gestalterisches Vorbild. Nicht zufällig lautete deshalb die Überschrift der damals bahnbrechenden Aufsatzreihe von Emil Adolf ROSSMÄSSLER „Der See im Glase". Mit ihrem Erscheinen in der gutbürgerlichen „Gartenlaube" war gleichzeitig auch ein positiver gesellschaftlicher Stellenwert verbunden. Die von dem Zoologieprofessor ROSSMÄSSLER vertretene Haltung von Zimmeraquarien jedoch hatte nichts mit dem bereits eingeführten Salonaquarium höhergestellter Kreise zu tun. Während dort das Bizarre und Kuriose, auch das Kostspielige der ausgestellten Schleierfische im Vordergrund stand, regte ROSSMÄSSLER die Beschäftigung mit den Voraussetzungen für die erfolgreiche Haltung von Lebewesen im Zimmeraquarium an.

Damit liegt die Entwicklung der Aquarienkunde in der damaligen Zeitströmung, die durch eine sehr vielfältige Beschäftigung mit Naturwissenschaften gekennzeichnet war. Zahlreiche naturwissenschaftliche Bildungsvereine waren bemüht, die seit dem Anfang des 19. Jahrhunderts gewonnenen Erkenntnisse, Entdeckungen und Erfindungen in den Fachbereichen Geographie und Geologie, Botanik und Zoologie sowie Chemie, Physik und Astronomie zu vermitteln und zu diskutieren. Der Bogen populärwissenschaftlicher Vermittlung überspannte praktisch die 100 Jahre von Alexander von HUMBOLDT bis zu Bruno H. BUERGEL.

Der schaumnestbauende Labyrinthfisch *Macropodus opercularis* war einer der ersten in Aquarien gezüchteten exotischen Fische.

Die kurzflossigen Wildformen des Kampffisches *Betta splendens* bestechen durch ihre intensive Körper- und Flossenfärbung.

In diese Zeit allgemeinsten Interesses für die Natur des Planeten Erde fielen die Anfänge der Aquarienliebhaberei. Aus fremden Ländern mitgebrachte Süßwasserfische wurden zwar schon längere Zeit vorher in den Schauaquarien Zoologischer Gärten gezeigt oder in den biologischen Instituten der Universitäten untersucht. Ein allgemeines Interesse jedoch, das sämtliche gesellschaftlichen Schichten durchzog und damit auch die Bildung von Vereinen möglich machte, ging von diesen sporadisch eingeführten Fischarten nicht aus.

Wenn man diesen Zeitraum anhand der uns überlieferten Literatur überblickt, so beginnen sich etwa vom ersten Jahrzehnt unseres Jahrhunderts an deutliche Gliederungsstufen von den Liebhabern bevorzugter Fischgruppen abzuzeichnen. Vorher nahmen die an Fischen Interessierten in ihre Obhut, was sie nur auftreiben konnten. Das waren Arten, die unter den damals oft unzureichenden Bedingungen den Schiffstransport aus Übersee überlebten. Häufig waren das nur Einzelexemplare, und so beginnt die Aquariengeschichte so mancher später recht populär gewordenen Fischart mit der Importmeldung eines einzelnen Weibchens oder mehrerer Männchen. Der letztgenannte Fall war sogar häufiger, weil die Körperfärbung oder die Flossenentwicklung oder beides vor allem bei den Männchen attraktiver ausfällt und die oft unscheinbaren Weibchen wenig Kaufinteresse fanden. Nur in wenigen Fällen gelang es sofort, Gruppen, in denen beide Geschlechter vertreten waren, in guter Verfassung nach Europa zu überführen. So beruhte auch die Entdeckung, daß manche der kleinbleibenden Zahnkärpflinge aus Mittelamerika sich durch lebend geborene Jungfische fortpflanzen, auf einer zufälligen Beobachtung. Ein einzeln importiertes Weibchen war eines Tages von einer Schar Jungfische umgeben. Damit begann eigentlich die bis heute anhaltende Beschäftigung vieler Menschen mit Zimmeraquarien, denn diese ungewöhnliche Fortpflanzung wollte man selbst erleben. Die Begeisterung muß sehr groß gewesen sein, denn die uns überlieferten Preise von bis zu 150 Goldmark für ein Pärchen solcher uns heute unscheinbar und grau erscheinenden Zahnkarpfen-Wildformen stellten damals eine beträchtliche Ausgabe dar.

Der vielfarbige Maulbrüter *Pseudocrenilabrus multicolor* reizte die Aquarianer wegen seiner interessanten Brutpflege.

Immerhin hatte es ja vorher bereits farbenprächtigere Fische für an Aquarien Interessierte gegeben: Makropoden, *Macropodus opercularis*, Kampffische, *Betta splendens*, Gefleckte Panzerwelse, *Corydoras paleatus*, und Kleine Maulbrüter, *Pseudocrenilabrus multicolor*. Diese relativ bunten Arten mit ihrer ebenso interessanten Brutpflege hatten jedoch nicht Tausende von Menschen in ihren Bann gezogen. Das war, wie gesagt, erst den Lebendgebärenden Zahnkarpfen vorbehalten. Nachdem mehrere solcher Lebendgebärender weit verbreitet waren, wandte sich das Interesse auch anderen Aquarienfischen zu.

Waren Lebendgebärende Zahnkarpfen damals Mode? Jedenfalls lösten sie nicht allein das beschriebene Interesse aus, sie waren auch mit den damaligen technischen Hilfsmitteln von vielen Aquarianern am Leben zu erhalten und garantierten das Erfolgserlebnis der gelungenen Vermehrung. Andere Arten pflanzten sich nur bei Erfahreneren oder in Spezialzüchtereien fort, die damals in recht großer Zahl gegründet wurden.

Wenn wir gelten lassen, daß Mode eine zeitgebundene Erscheinung ist, in der sich nicht allein zeitabhängige Wunschbilder formulieren („ein Stück Natur ins Heim holen"), sondern auch Möglichkeiten bestehen, diese Wünsche zu realisieren, dann entsprachen die mittelamerikanischen Kärpflinge um die Jahrhundertwende genau diesen Bedingungen, waren also modern.

Mit der zunehmenden Kenntnis des Formenschatzes fremdländischer Süßwasserfische und der durch Erfahrung

Einer der ersten tropischen Eierlegenden Zahnkarpfen war der Indische Streifenhechtling *Aplocheilus lineatus*.

gewachsenen Bewältigung der Pflege-
ansprüche auch solcher Arten, die vorher oft schon nach wenigen Tagen
verendet waren, setzte unter den Hobbyisten ein ehrgeiziger Wettstreit ein,
neue Arten unter Aquarienbedingungen
zu vermehren. Oft half der Zufall, und
aus mehreren Zufällen versuchte man,
Regeln oder gar Gesetzmäßigkeiten ab-
zuleiten.

So bestand eine der ersten Erkenntnisse darin, daß sich manche Arten in
weichem, mineralarmem Wasser besser als in kalkreichem hartem vermehren ließen. Das traf besonders für eine
Anzahl aus dem tropischen Afrika im-
portierter Fische zu, die damals zur
Gattung *Fundulus* gezählt wurden.
Heute findet man diese Fische in den
Gattungen *Aphyosemion, Epiplatys*

lich. Die damit verbundenen Mühen
nahmen die Aquarianer aber gern in
Kauf, denn mit diesen Fischen verban-
den sich brillante Farben und attraktive
Flossenformen, zumindest bei den
Männchen.

Farben und Formen spielten jedoch
auch künftig bei Lebendgebärenden
Zahnkarpfen eine stärkere Rolle.
Sowohl von Guppys, *Poecilia reticula-
ta*, als auch von Schwertträgern und
Platys, *Xiphophorus helleri* und *X.
maculatus*, waren aus verschiedenen
Lokalformen Mischlinge in Aquarien
entstanden. Dadurch kam es zu neuen
Farbschlägen. In den Folgejahren gab
es viele Zufallskreuzungen, aber auch,
besonders bei Guppys, schon Ansätze
der Formenzucht und erste Ausstellun-
gen solcher Ergebnisse. Allerdings war

Die ersten importierten Schwertträger, *Xiphophorus helleri*, wurden damals geradezu euphorisch als Gipfel der Liebhaberei angesehen.

und *Nothobranchius*. In Ortschaften,
deren Wasserleitungen das begehrte
weiche Wasser spendeten, konzentrierte sich die „Fundulen-Zucht". Wo das
Leitungswasser härter war, fing man
Regenwasser auf und erzielte ebenfalls
Erfolge. Bald mußte jeder Aquarianer,
der seine Fortschritte nachweisen wollte, erfolgreich „Fundulen" gezüchtet
haben.

Während also die Lebendgebärenden
Zahnkarpfen wegen ihrer leicht gelin-
genden Vermehrung schnell populär
wurden, waren für die Zucht Eierlegender Zahnkarpfen schon gewisse
wasserchemische Kenntnisse erforder-

die genetische Kenntnis der Farbverer-
bung äußerst gering, so daß es erst der
Anwendung wissenschaftlicher Ergebnisse bedurfte, ehe die Farb- und Formenzucht Lebendgebärender Zahnkarpfen dieser Fischgruppe zu einer
neuen Modeströmung verhalf. Das
aber erfolgte erst in den Jahren
zwischen 1960 und 1980.

Etwa Anfang der 20er Jahre war die
Aquarienliebhaberei in Europa bereits
derartig angewachsen, daß der Bedarf
an Zierfischen nicht nur durch Berufs-
und Liebhaberzüchter gedeckt werden
konnte. Führende Firmen schickten regelmäßig Fangexpeditionen nach Über-

Seit der Mitte der 30er Jahre behauptet der Neonsalmler, *Paracheirodon innesi*, einen hohen Rang in der Beliebtheitsskala der Aquaristik.

see, um ständig Neuheiten anbieten zu können. Solche neuen, auch der Wissenschaft noch unbekannten Arten entwickelten sich immer dann zu wahren Verkaufsschlagern, wenn sie bunter oder auffallender als ihre jeweiligen Vorgänger waren.

Als ein Höhepunkt dieses Wettlaufs der Farben muß der Import des Neonsalmlers, *Paracheirodon innesi*, Anfang der 30er Jahre angesehen werden. Mit ihm gipfelte eine neue Mode, die neben Salmlern aus Südamerika auch Bärblinge aus Süd- und Südostasien

bevorzugte. Markantester Vertreter der Barben und Bärblinge ist bis heute der Keilfleckbärbling, *Rasbora heteromorpha*, geblieben. Basis dieser wie eine Welle durch die Aquaristik gehenden Bewegung war die Erkenntnis, daß nicht nur weiches Wasser die Zucht solcher Fische ermöglicht, sondern Laich und Brut in schwach saurem und deshalb bakterienarmem Wasser am besten fortkommen.

Übrigens gelang die Zucht von Keilfleckbärblingen und Neonsalmlern zuerst bei den durch die „Fundulen-

Der Keilfleckbärbling, *Rasbora heteromorpha*, galt einst als unzüchtbar, ist heute jedoch ein überall erhältlicher Fisch für das Gesellschaftsaquarium.

Zucht" bereits bestens gerüsteten Züchtern in Sachsen und Thüringen. Der Zweite Weltkrieg - so stark auch die Zäsur für viele Liebhaber und die von ihnen gepflegten Arten war - unterbrach diese Periode nur äußerlich. Nach dem Krieg, sobald es die Lebensumstände wieder erlaubten, setzte sich die „Salmler-Periode" bis in die 50er Jahre hinein fort. Zwar waren viele Arten in ihren domestizierten Vermehrungsfolgen unterbrochen und mußten durch neue Importe wieder nach Europa gebracht werden. Fänger und Importeure, Züchter und Händler waren jedoch noch immer vorwiegend auf Salmler orientiert. Höhepunkt dieses Abschnittes war die Entdeckung des Kongosalmlers, *Phenacogrammus interruptus*.

gen und Arten organisierten und, ohne miteinander zu konkurrieren, reichlich Zulauf fanden.

Dabei waren im geteilten Deutschland unterschiedliche Entwicklungen zu verfolgen. Die Firmen der Bundesrepublik unterhielten weiterhin Verbindung mit den traditionellen Aufkommensländern und importierten reichlich bekannte und neue Arten. Den Züchtern der devisenschwachen DDR standen zunächst nur die aus den Kriegsjahren überlebenden Fische zur Verfügung, später kamen oft abenteuerlich über die Grenze gebrachte Neuheiten in geringer Zahl hinzu, ehe es möglich war, auch staatlich genehmigte Importe zu beziehen. Der gesamte Handel aber beruhte auf im Lande hervorgebrachten Nachzuchten. Durch die Gründung von

Eine ähnliche Sensation wie der Import der ersten Neonsalmler war die Entdeckung des farbenprächtigen Kongosalmlers, *Phenacogrammus interruptus*.

Allerdings fanden Fang und Transport unter wesentlich verbesserten Verkehrsbedingungen statt. Damit erweiterten sich nicht nur die Fanggebiete. Neue, bis dahin unbekannte wurden erschlossen, und über die Aquarianer brach aus allen tropischen und subtropischen Ländern eine Artenfülle herein, die zur Spezialisierung zwang. Es schien, als sei die Zeit der dominierenden Fischfamilien vorbei, weil sich Interessengruppen für spezielle Gattun-

Genossenschaften wurde schließlich ein solches Aufkommen an gezüchteten Aquarienfischen erzeugt, daß die vorwiegend importierenden westeuropäischen Staaten beliefert werden konnten. Ein Berufsbild „Zierfisch-" oder „Aquarienfischzüchter" gab es jedoch nicht, deshalb kam der Entwicklung leistungsfähiger Züchter innerhalb der Fachgruppen eine große Bedeutung zu. Es ist deshalb nicht verwunderlich, daß sich bereits Anfang der 60er Jahre in der DDR spezialisierte Arbeitsgruppen in der organisierten Aquaristik gründeten, während ähnliche Organisationsformen in Westeuropa erst rund 15 bis 20 Jahre später folgten.

Dennoch gab es wieder Modefische. Über das allgemeine Interesse an den Neuheiten auf allen Gebieten hinweg, hatten Anfang der 60er Jahre zunächst westafrikanische, dann aber zentralafrikanische Buntbarsche aus den großen Grabenseen nicht nur viele langjährige Aquarianer begeistert. Die korallenfischartig bunten und als Maulbrüter auch mit geringem Aufwand vermehrbaren Arten führten der gewiß nicht kleinen Zahl von Hobbyisten große Mengen neuer Liebhaber zu. Man sprach von einer „Malawi-" und „Tanganjika-Welle", die geradezu langjährig vertraute Arten aus den Aquarien zu schwemmen drohte. Während sich einerseits Spezialisten der neuen Buntbarsch-Arten zusammenschlossen, organisierten sich die Interessenten an Fischen anderer Familien, um dem Artenrückgang entgegenzuwirken.

Wer selbst einmal Salmler oder Labyrinthfische gezüchtet hat, weiß, daß von diesen produktiven Arten Tausende von Jungfischen erzielt werden können, wenn geeignetes Wasser und ausreichend Futter zur Verfügung steht. Er weiß aber auch, daß Salmler nach dem Schlupf winzig sind und mit Rädertierchen, Kleinkrebslarven, oft sogar in den ersten Tagen mit Infusorien ernährt werden müssen. Damit sind diese Fische auch gleichzeitig an das nur zu bestimmten Jahreszeiten auftretende Kleinfutter gebunden und nicht ganzjährig lückenlos aufzuziehen. Junge Buntbarsche aber sind unmittelbar nach dem Freischwimmen bereits vergleichsweise groß und kräftig, nehmen auch sofort entsprechend größeres Futter an. Solche Futterfraktionen können von jungen Salmlern und Labyrinthfischen erst in der dritten Woche bewältigt werden. Dadurch haben junge Buntbarsche einen Vorteil gegenüber den futtertechnisch komplizierteren Arten.

So erklärt sich der hohe Anteil von Buntbarschen in den Fachgeschäften. Hinzu kommt noch, daß den jungen Buntbarschen das Erstfutter nicht einmal lebendig verfüttert zu werden braucht. Es ist heute allgemein üblich, in den Sommermonaten die in großen Mengen innerhalb kürzester Zeit gefangenen Nährtiere durch Frosten zu konservieren. Zwar sind so auch andere Aquarienfische in geringen Stückzahlen aufzuziehen. Am Boden liegendes Fut-

Die aus den ostafrikanischen Seen in die Aquaristik eingeführten farbenprächtigen Maulbrüter, wie *Melanochromis johannii*, lösten eine neue „Modewelle" aus.

Durch ihr außergewöhnliches Ablaichverhalten in Erdgruben sind die Maulbrüter der Gattung *Ophthalmotilapia*, hier die Art *O. ventralis*, Farbform „Bright Blue", zusätzlich interessant geworden.

ter jedoch verschlechtert die Wasserqualität und gefährdet den Zuchterfolg. Buntbarsche aber können auf diese Weise problemlos herangezogen werden. Dazu hat auch die Entwicklung leistungsfähiger Filter beigetragen. Weil vorausschauend erkannt wurde, daß natürliches Aufzuchtfutter nicht in unbegrenzten Mengen zur Verfügung stehen wird, entwickelte Dr. U. BAENSCH bereits in den 50er Jahren ein erstes Flockenfutter mit ausgewogenem Nährstoffgehalt.

Die Bedeutung dieses seither ständig verbesserten Kunstfutters wurde in den Folgejahren sichtbar, als der Appetit von zahlreich importierten Buntbarsch-Arten gestillt werden mußte. Wieder waren Fische Mode geworden, weil die Aquarianer das Bedürfnis nach Arten mit plakativen Farben verspürten, andererseits aber auch die

Haltungsvoraussetzungen gegeben waren, solche Wunschträume auch zu realisieren.

So haben die jeweiligen „Modefische" auch immer einen Kenntniszuwachs für die allgemeine Aquaristik bewirkt. Für Lebendgebärende Zahnkarpfen galt es, die erforderlichen Wärmeparameter einzuhalten. Eierlegende Zahnkarpfen beanspruchten für Haltung und Zucht weiches Wasser. Barben, Bärblinge und Salmler waren nur in weichem und saurem Wasser züchtbar. Buntbarsche erforderten neben großen Aquarien vor allem ausreichendes Futter und leistungsfähige Filter. Und jeweils kamen die erworbenen Verbesserungen auch anderen Fischgruppen zugute.

Eine weitere, wenn auch kurze, Modeströmung profitierte eindeutig von den Errungenschaften der „Buntbarsch-Pe-

Der Lachsrote Regenbogenfisch, *Glossolepis incisus,* löste eine Kette von Neueinführungen aquaristisch bis dahin unbekannter Regenbogenfische aus.

riode". Da sich oftmals das Leben in den geräumigen Buntbarsch-Aquarien weitgehend in Bodennähe abspielte, setzten viele Aquarianer zunehmend Regenbogenfische in die freigebliebenen oberen Wasserschichten. Da fast zeitgleich außerordentlich farbenprächtige Arten in Australien und Neuguinea entdeckt und auf dem amerikanischen und europäischen Markt verbreitet wurden, kam es zu einem schlagartig ausbrechenden Inter-

esse für diese Arten innerhalb der gesamten Aquaristik. Jener Trend setzte sich allerdings nur innerhalb weniger Jahre durch. Regenbogenfische legen zwar eine Unmenge Eier ab, ihre Jungfische schlüpfen jedoch in geringer Größe. Das erforderliche kleine Aufzuchtfutter jedoch stand nicht in ausreichendem Maße zur Verfügung, und Ersatzlösungen führten nur zu bescheidenen Nachzuchterfolgen. Ein weiterer Nachteil besteht in der späten

Wenige Aquarienfische zeigen ein so intensiv blauglänzendes Schuppenkleid wie die attraktive Art *Melanotaenia lacustris* von der Insel Neuguinea.

Einfärbung gerade der attraktivsten Arten. Nahezu ein Jahr dauert es, ehe die geschlechtliche Differenzierung und die Prachtfärbung der Männchen einzusetzen beginnt. Damit sind Regenbogenfische für Zuchtbetriebe unwirtschaftlich, denn sie können erst nach relativ langer Haltungszeit verkauft werden. So ist nach einer etwa 10jährigen Modephase das Interesse für diese schönen Tiere wieder abgeklungen, und nur ein kleiner Kreis von treuen Spezialisten befaßt sich weiterhin mit ihnen.

Die geräumigen und mit starken Filtern gut durchströmten Aquarien, ursprünglich einmal für große Buntbar-

denken gewesen, als ein paar Einzelstücke in der Funktion von „Müllschluckern" den Boden mancher Gesellschaftsbecken nach den kärglichen Futterresten der anderen Fische absuchen mußten.

Ähnlich wie die Buntbarsche verkörpern Welse, welcher der zahlreichen Familien sie auch angehören mögen, einen völlig anderen Besatztyp eines Aquariums als es Salmler oder Bärblinge waren. Auch darin widerspiegelt sich Mode.

Unser Leben ist von Reizüberflutung gekennzeichnet. Von Generation zu Generation werden stärkere Reize erforderlich: Flächige, grelle Farben, laute

Nachdem über Jahrzehnte hindurch nur Zufallserfolge bei *Ancistrus*-Arten gelangen, folgten regelmäßige Nachzuchten, als hinreichende Aquarienbedingungen durch Fütterung und leistungfähige Filter geboten werden konnten.

sche eingerichtet, haben aber einer weiteren und unübersehbar großen Fischgruppe zur gegenwärtigen Dominanz verholfen. Anfangs nur als Algenbekämpfer oder Mulmverwerter eingesetzt, kamen alle bis dahin bekannten und wenig geschätzten Wels-Vertreter mit diesen Bedingungen bestens zurecht.

Spontane Zuchterfolge von vorher für nicht vermehrbar gehaltenen Arten lösten gezieltes Interesse aus, und heute drohen die Welse den Buntbarschen in der Beliebheitsskala den Rang abzulaufen. Daran wäre vor 30 Jahren nicht zu

Musik mit kräftigen Rhythmen und intensive Geschmacksinhaltsstoffe sind dafür charakteristisch. So will auch der Liebhaber in seinem Aquarium optisch wirkungsvolle Fischen pflegen und nicht mühsam hinter zarten, glasartigen, vergleichsweise unscheinbaren Arten herschauen. Diesem Wunsch entsprechen sowohl Buntbarsche als auch Welse, die zugleich oft bizarre und urtümlich anmutende Körperformen zeigen. Wieder findet Mode als Zeitausdruck ihre Bestätigung, und die Haltungsvoraussetzungen sind gegeben.

Wie entsteht ein Handelssortiment?

Die im Handel angebotenen Jungfische lassen den Aquarianer oft nicht ahnen, daß die Pflege, vor allem die Ernährung von *Tetraodon steindachneri* umso mehr Probleme mit sich bringt, je älter die Tiere werden.

In den Fachgeschäften findet man durchweg eine bestimmte Anzahl von gleichen Fischarten, die sich lediglich in der Qualität oder im Entwicklungsstand unterscheiden. Das hängt von der Pflege und vor allem von der Fütterung ab oder, wenn die Tiere bereits weiter entwickelt sind, vom zeitweilig geringeren Verkauf dieser Arten. Aber man wird kaum eine Handlung finden, in der nicht Neonsalmler, Segelflosser, Black Mollys, Guppys, Schwertträger unterschiedlicher Zuchtformen und Sumatrabarben, ebenfalls in mehreren Zuchtformen, vertreten sind. Um dieses Kernsortiment gruppieren sich diverse Salmler-, Barben-, Bärblings-, Labyrinthfisch- und Buntbarsch-Arten. Es ist dann erstaunlich, wie leicht von einem Gang durch eine Stadt mit mehreren Fachhandlungen auf den betreffenden Großhändler geschlossen werden kann, weil etwa um die gleiche Zeit fast identische Angebote erscheinen. Um über dieses Sortiment hinaus an interessante Arten heranzukommen, bleibt dem Liebhaber oft nur eine Reise in eine möglichst weit entfernte Stadt, der Besuch eines Züchters oder einer Fischbörse des örtlichen Vereins. Das war früher anders. Zunächst kamen die meisten Fachhändler erst nach einer Laufbahn als Futterfänger und Aquarienfischzüchter im fortgeschrittenen Alter in die Situation, ein Geschäft zu eröffnen, anderen

Obgleich sie im Angebot des Fachhandels nicht selten vorkommen, muß vor obligatorischen Fischräubern, wie Flösselhechten, *Polypterus delhezi*, als Besatz eines Gesellschaftsaquariums gewarnt werden.

Züchtern ihre Nachzuchten abzukaufen und den Aquarianern anzubieten. Bei traditionell gewachsenen Zuchtbetrieben führte der Sohn oft die Züchterei weiter, während der Vater die Handlung betrieb. Damit wurde das Kernsortiment aus der hauseigenen Züchterei gebildet und das gesamte Angebot durch Geschäftsbeziehungen mit befreundeten Zuchtbetrieben ergänzt, die andererseits Nachzuchten aus der eigenen Züchterei geliefert bekamen. Diese traditionell gewachsene Struktur ließ sich nur solange aufrecht erhalten, bis in Europa Importe billiger als Nachzuchten wurden. Dabei setzen sich Importfische aus zwei sehr unterschiedlichen Gruppen zusammen. Häufig wird angenommen, daß importierte Arten auch Wildfänge seien. Zunehmend hat sich aber, nicht nur in den Ländern des winnung" gefehlt, weil die Befürchtung, solche Bestände könnten ausgerottet werden, im Vordergrund stand. Weitaus größer ist aber die Gefahr, daß die wie auch immer geartete Verschmutzung der Lebensräume solcher Fische zum Verschwinden der Arten führen kann. Durch Berichte anderer Reisender und eigene Anschauung steht inzwischen die Zahl des in den Trockenzeiten umkommenden Nachwuchses in keinem Verhältnis zu den vergleichsweise wenigen abgefischten Jungtieren. Dagegen kann die Einleitung von Abwässern, welcher Art auch immer, den Bestand aller Arten dieser Gewässer in Frage stellen. Das Gewinnen von verkaufsfähigen Jungfischen ohne Aufwand an Zuchtfischen, Laichbehältern, Aufzuchtaquarien und Futtertieren - ohne die Kosten

Die ungewöhnliche Körperform der Nilhechte, hier *Gnathonemus ibis*, darf den Aquarianer nicht verleiten, solche Fische für Spezialisten in sein herkömmliches Gesellschaftsaquarium einzubringen.

natürlichen Vorkommens der Aquarienfische, die Farmzucht etabliert. Durch geringe Kosten sind solche Farmen in der Lage, trotz beträchtlicher Flugpreise erheblich unter dem Aufwand europäischer Züchtereien zu bleiben.

Andererseits treten, durch den jahreszeitlich bedingten Wechsel von Regen- und Trockenzeiten in den Gewässern tropischer und subtropischer Länder massenhaft Jungfische auf, die dann abgefischt und lediglich nach Depotbildung in Farmen die Reise nach Europa antreten. Nur das sind Wildfänge. Es hat in letzter Zeit nicht an Einwänden gegen diese Art der „Aquarienfischge-

für Transporte aus oft unwegsamem Gelände unterschätzen zu wollen - ist wesentlich rentabler als das Aufpäppeln von Brut über mehrere Monate hindurch. Damit sind die Relationen zwischen Zuchtwert und Verkaufspreis nicht mehr in dem ehemals bestehenden Abhängigkeitsverhältnis.

Historisch gesehen hat sich also die Aquaristik in Europa unter ganz anderen Bedingungen entwickelt als sie heute für den Handel mit Aquarienfischen gegeben sind. Damals konnte nur verkauft werden, was vermehrt wurde, und die Preisbildung stand in Abhängigkeit von den Zuchtschwierigkeiten und dem Aufzuchtaufwand. Um

War schon die Einführung des Neonsalmlers, *Paracheirodon innesi,* eine Sensation, so stellte der Rote Neonsalmler, *Paracheirodon axelrodi,* eine unerwartete Steigerung der Farbenpracht dar.

ein Beispiel zu nennen: Der Rote Neon, *Paracheirodon axelrodi,* ist, aquaristisch gesehen, ein schwierig zu vermehrender Fisch, dessen Preis früher sehr hoch gewesen war. Er ist auch immer noch teuer in Ländern, die auf Aquariennachzuchten angewiesen sind, weil Devisenmangel das vorteilhafte Importieren aus den Aufkommensländern verbietet. In

Erhebliche Größe erreichen die Indischen Messerfische, *Notopterus chitala,* die in ihrer Heimat Nutzfische sind und in Aquarien beträchtlichen Schaden anrichten können.

Westeuropa standen den Aquarianern stets reichlich aus Übersee importierte Rote Neon zur Verfügung, so daß sich niemand ernsthaft mit der Zucht dieser Fische beschäftigen mußte. Das hat auch offensichtlich durch Mißerfolge bei experimentierfreudigen Aquarianern zu der Auffassung geführt, daß diese Fische nicht züchtbar wären. Tatsächlich aber wurde diese Art zu Zeiten des „Eisernen Vorhangs", nachdem einige Zuchttiere zwischen den Falten hindurch in die Hände geübter Züchter in Osteuropa gelangten, nicht gerade in großen Mengen, aber doch erfolgreich und handelswirksam vermehrt. Diese Züchter ließen sich den Aufwand selbstverständlich auch bezahlen, so daß der Rote Neon neben dem Diskusbuntbarsch einer der teuersten Fische aus Aquariennachzuchten darstellte.

Bedarfs an Aquarienfischen rasch wuchsen. Standortbestimmende Faktoren waren neben geeigneter Wasserqualität und reichlichem Futteraufkommen vor allem industrielle Ballungsgebiete. Hier lebten die Menschen, denen ein Aquarium zum Lebensbedürfnis wurde. So wunderte es auch nicht, daß bereits um die Jahrhundertwende und in den Jahren danach Zuchtbetriebe in Dresden, Berlin und Hamburg gegründet wurden. Durch gute Verbindungen zu den Importhäfen kamen ständig Neuheiten aus Übersee, die man zu vermehren versuchte.

Sie hatten erstaunliche Erfolge. Gemessen am damaligen Kenntnisstand gelangen bereits Zuchten, an denen sich manche Hobbyisten noch heute „die Zähne ausbeißen". Gewiß spielten

Die in ihrer Heimat im Brackwasser lebenden Vieraugen, *Anableps anableps*, sind äußerst anspruchsvolle Fische für Spezialaquarien und auf keinen Fall für jeden Liebhaber geeignet.

Bis es aber soweit kam, daß auch kompliziertere, aus weichen Schwarzwässern stammende Arten regelmäßig in Aquarien vermehrt werden konnten, bedurfte es vieler Experimente. Schließlich hatte sich ein Erfahrungsschatz angesammelt, der in nunmehr über 100 Jahren aufgeschriebener Aquaristik durch Zeitschriften und Bücher schrittweise verfolgt werden kann. Da das mühselig ist, soll hier versucht werden, das in gestraffter Form darzustellen.

Schon frühzeitig bildeten sich unter geeigneten Standortbedingungen kleinere Betriebe, die mit dem Ansteigen des

auch glückliche Umstände eine Rolle. Man muß schließlich davon ausgehen, daß die Fische nach langen Schiffsreisen die europäischen Häfen oft in stark geschwächtem Zustand erreichten. So war es wirklich ein Glücksumstand, wenn unter den Überlebenden nicht nur Paare waren, sondern diese Fische schließlich auch wieder in eine Kondition gebracht werden konnten, die Zuchtversuche erlaubte.

Mit der zunehmenden Kenntnis von den Vermehrungsweisen einer immer größer werdenden Anzahl geeigneter Kleinfische begannen sich die Züchter zu spezialisieren. Ohne es in jedem Fall genau begründen zu können, warum eine Art sich hier besser, woanders aber gar nicht vermehrte, bildeten sich durch Versuch und Irrtum empirisch Schwerpunkte heraus. Schließlich gab es spezielle Züchter für Salmler, für Buntbarsche und für Labyrinthfische, wobei nicht nur das Wasser, sondern vor allem das geeignete Kleinfutter für die ersten Tage entscheidend war. Im Vordergrund des Interesses der Aquarianer standen stets Neuheiten. Doch in jeder Branche können die Grundlagen der geschäftlichen Tätigkeit niemals ausschließlich Neuheiten oder Seltenheiten sein. Stets muß ein solides Fundament an preiswerten und für die Menge der Liebhaber erschwinglichen Arten vorhanden sein.

war. Das führte zu weiterer Spezialisierung, weil der Aufwand unter den gegebenen Bedingungen für manche Arten zu hoch war und man nicht ausreichenden Gewinn erzielte.

Noch in den 50er Jahren wurde auch in Westeuropa auf diese Weise das Handelssortiment im eigenen Land gebildet, ehe die gewachsene Wirtschaftskraft ein kostengünstiges Importieren erlaubte.

Jede Spezialisierung aber hatte zur Folge, daß zuchttechnologisch nicht ins Programm passende Arten nicht mehr bearbeitet wurden und schließlich aus dem Angebot verschwanden. Dabei können sowohl die Wasserverhältnisse,

Im Süß- und Brackwasser nahezu aller tropischen und suptropischen Flußmündungen leben sogenannte Süßwassernadeln, hier *Microphis boaja,* deren Ernährung häufig recht problematisch ist.

Mit dem Anwachsen der züchterisch beherrschten Arten und mit der zunehmenden Popularisierung der Aquarienliebhaberei mußte der Handel von einzelnen Arten besonders viele Exemplare anbieten können. Die Züchtereien waren gezwungen, diesem Trend zu folgen. Nach der Ermittlung von Parametern zu Wasserqualität und Futtertiersequenzen, Besatzdichte und Aufzuchtzeiten wurde die Kapazität der Anlagen immer kostengünstiger genutzt. Durch Konkurrenzdruck fielen die Preise oft recht schnell, wenn der erste Reiz der Neuheit geschwunden

als auch der Futterbedarf oder die Wachstumszeiten eine Rolle gespielt haben. Konnte sich früher ein Zierfischzüchter leisten, auch ein paar Arten, die er als Liebhaber besonders gern mochte, im Sortiment „mitlaufen" zu lassen, so reduzierte sich jener Anteil immer mehr.

Im vorigen Kapitel haben wir über Mode geplaudert. Neuheiten, die neue Bedürfnisse wecken, schränken die Nachfrage nach den gewohnten alten Sortimentsbestandteilen zwangsläufig ein. Hinzu kommt aber noch, daß auch die Händler am schnellen Umsatz interes-

Riesenguramis, *Osphromenus gourami,* sind beliebte Speisefische in Südostasien. Ihre Jungfische wachsen unter Aquarienbedingungen schnell und überfordern in Futter- und Raumbedarf Aquarien und Aquarianer.

siert sind. Da sie wissen, daß der Kunde „mit den Augen" kauft, bevorzugen sie Fische, die die Kauflust reizen. Die traditionelle Handelsgröße der meisten Arten liegt zwischen 3 und 6 cm Länge. Damit scheidet eine Reihe von Fischen aus der Spitzengruppe des Sortiments einfach dadurch aus, daß sie in dieser Größe noch die unauffällige Jungfischfärbung zeigen. Dem Züchter geht es darum, die Aufzuchtbecken möglichst schnell wieder für neue Bruten freizubekommen, der Händler will die Arten aber nicht haben, weil sie noch unan-

Durch bereits im Jungfischstadium attraktive Färbung ist die Sumatra- oder Viergürtelbarbe, *Barbus tetrazona,* zum wahrscheinlich meistverkauften Aquarienfisch des Handelssortiments geworden.

Die attraktive Färbung der männlichen Purpurkopfbarben, *Barbus nigrofasciatus,* setzt leider erst sehr spät ein, so daß die unansehnlichen Jungfische oft lange in den Händler-Aquarien auf Käufer warten müssen.

sehnlich sind. Es hilft ihm nichts, wenn er mittels aufgeschlagener Bücher oder Vorführung von Diapositiven den Kunden über die künftige Farbenpracht zu informieren versucht - gleich auffällig gefärbte Arten werden einfach besser gekauft. Ein typisches Beispiel ist der Vergleich zwischen Sumatra- und Pur-

Oft sind junge Schlangenkopffische farblich auffälliger als die räuberischen Erwachsenen. Das trifft auch für den asiatischen Schlangenkopffisch *Channa abscura* zu.

purkopfbarben. Jeder Züchter wird sich bei der Vermehrung für *Barbus tetrazona* entscheiden, weil die Fische schnell wachsen und bereits in einer Größe von 2,5 cm attraktiv aussehen: leuchtend gelbe Körpergrundfarbe, intensiv schwarze Querbinden und blutrote Flossen. Purpurkopfbarben dagegen wachsen langsam und benötigen mindestens acht Monate, ehe die „häßlichen jungen Entlein" Ansätze der künftigen Prachtfärbung zeigen. In den gelegentlich sogar zu einem entsprechenden Preis den Fachhändlern an.

Damit schließt sich ein Bogen, der seinen Ausgang in vielen Liebhaberdiskussionen nimmt. In den Vereinen und Interessengemeinschaften treffen sich nicht allein Aquarianer der verschiedensten beruflichen Tätigkeiten, es sind auch nahezu alle Altersgruppen vertreten. Die Älteren beklagen das Verschwinden vieler Arten, mit denen

Von der großen Zahl im Brackwasser lebender Kugelfische haben sich nur wenige Arten als für die Pflege in Aquarien geeignet erwiesen. Auch *Tetraodon miurus* wird nur selten im Handel angeboten und von Aquarianern gekauft.

Verkaufsaquarien des Fachhandels wirken Jungfische in der gleichen Größe wie Sumatrabarben schmutzig-grau und ausgesprochen unansehnlich. Nicht nur Barben, auch viele Buntbarsche und Regenbogenfische sind als Jungtiere unauffällig und weniger für das Handelsangebot geeignet. Deshalb haben sich manche Liebhaberzüchter auf solche Arten spezialisiert. Sie bieten die Fische dann auf Börsen oder sie aquaristisch herangewachsen sind, die Jungen möchten sich am Bewältigen von Neuheiten und den mit ihnen verbundenen Problemen bewähren. Der Handel aber bietet viele dieser alten Arten auch gar nicht mehr an. Und Meldungen über die industrielle und landwirtschaftliche Entwicklung in den Ursprungsländern sind regelmäßig damit verbunden, daß natürliche Gewässer verschmutzen, verschwinden oder

Über südamerikanische Messerfische, hier *Steatogenys elegans*, ist noch wenig bekannt, so daß Spezialisten ein dankbares Betätigungsfeld finden können.

für das Aufkommen an Speisefischen genutzt werden müssen. Schließlich müssen diese Staaten ihre an Zahl und in den Lebensansprüchen wachsende Bevölkerung ernähren. Dadurch, und weniger durch den Fang für den Handel, drohen Arten zu verschwinden, die in Aquarien jahrzehntelang erhalten werden konnten. Wenn dann das Interesse unter den Aquarianern für jene Fische nachläßt, droht tatsächlich die Gefahr, daß solche Fische völlig aussterben.

Besonders die in Vereinen und Interessengemeinschaften organisierten Aquarianer haben es in der Hand, diese an sich wirtschaftlich uninteressanten Tiere wenigstens als Aquarienpopulation zu erhalten. Stammt doch das wenige über sie Bekannte oft ausschließlich von Aufsätzen der aquaristischen Literatur. Zwar gaben Ichthyologen den Fischen einen Namen. Viele biologische Eigenschaften, Lebensbedürfnisse, Geschlechtsunterschiede, Verhaltensweisen und Besonderheiten wurden aber im Laufe der Zeit von Laien zusammengetragen und mitgeteilt. Damit haben die Aquarianer über 100 Jahre lang wesentlich an Kenntnissen über Fische mitgearbeitet, und viele von ihnen sind,

ohne dieses Fach studiert zu haben, beiläufig zu Biologen geworden.

Diese Tradition muß bewußt hervorgehoben und fortgesetzt werden, gerade weil durch ökonomische Zwänge das Standardangebot des Handels verarmt und nur noch Arten im Angebot sind, deren Zucht oder Import lohnt. Biologisch fundierte Aquaristik jedoch befaßt sich seit jeher mit den Lebens- und Verhaltensweisen und kann nicht auf Fische verzichten, die aus dem Rahmen des Üblichen fallen und aus diesem Grunde kommerziell nicht mehr tragbar sind.

Es ist eines der Anliegen dieses Büchleins, die ganze Vielfalt der Beobachtungsmöglichkeiten in Erinnerung zu rufen, zumal Aquarianer in der glücklichen Lage sind, den Fischen auf engstem Raum ihren natürlichen Lebensbedingungen nahekommende Verhältnisse zu bieten und die entsprechenden Verhaltensweisen naturgetreu erleben zu können. Das ist auch mit den im Handel üblichen Arten möglich, darüber hinaus gibt es jedoch noch weitaus mehr Erscheinungsbilder und Verhaltensweisen. Es wäre bedauerlich und leichtfertig, solche Möglichkeiten nicht zu nutzen.

Viele Grundeln sind aquaristisch unzureichend bekannt, auch *Awaous strigatus*.

Auch wenn die Aquaristik mit Fischen begann, die wegen ihres als sensationell empfundenen Fortpflanzungsverhaltens gepflegt wurden, bestimmten weitgehend farbenprächtige Fische den künftigen Weg der Aquaristik. Schon in den ersten Jahren unseres Jahrhunderts brachten Seeleute mit Platys, Guppys und Schwertträgern weitere lebendgebärende Arten mit, die je nach Vorkommensgebiet weitaus mehr Färbung aufwiesen als die Einfleck- oder Fleckenkärpflinge, *Phalloceros caudimaculatus*, mit denen alles begann. Auch die künftige Zucht von Lebendgebärenden Zahnkarpfen konzentrierte sich zunächst auf Farbschläge.

Schaut man sich die aquaristisch erfolgreichen Arten von damals und heute auf ihre Farbskala hin an, so dominieren die Farben rot, blau und gelb meist in der Kombination mit schwarzen Streifen oder schwarzen Flossenrändern. Auch Flecken auf dem Körper, unregelmäßig oder in Mustern angeordnet, haben immer wieder besonderes Interesse erregt und führten zumindest zeitweilig zur Verbreitung solcher Arten.

Graue Fische hatten solange eine Chance, als durch das auftreffende Tageslicht der spiegelnde Schuppenglanz diese Arten ebenfalls bunt erscheinen ließ. Damals standen die Aquarien mangels künstlicher Beleuchtung in Fensternähe. Oft waren sie im rechten Winkel zum einfallenden Tageslicht aufgestellt, so daß je nach Lichtwinkel blaue, grüne oder auch rötliche Spiegeleffekte zur Geltung kamen. Glasig durchsichtige Fische wurden schon immer weitaus weniger beachtet.

Betrachten wir den gesamten Formenschatz in Aquarien gehaltener Fische, so dominiert die typische Spindelgestalt. Vom meist spitzen Kopf aus verläuft die Rückenlinie nahezu identisch mit der ausgebuchteten Bauchpartie ansteigend, um zum Schwanzende wieder abzufallen. Der Körperquerschnitt ist seitlich abgeflacht oder rundlich. Barben, Salmler und Lebendgebärende Zahnkarpfen sind Beispiele für diesen Körperbau.

Immer haben den Aquarianer aber jene Arten gereizt, die von dieser Form mehr oder weniger stark abwichen. Das bekannteste Beispiel ist der Segel-

Trotz bescheidener Färbung erregten die ersten Wildformen Lebendgebärender Zahnkarpfen, wie z.B. *Phalloceros caudimaculatus*, wegen ihrer Fortpflanzungsweise großes Aufsehen.

Durch ihre ungewöhnliche Körperform sind Segelflosser oder Skalare, *Pterophyllum scalare,* bei Aquarianern beliebt, aber auch allgemein bekannt geworden.

flosser, *Pterophyllum scalare*, dessen extrem verlängerte Rücken-, Bauch- und Afterflossen bei fast kreisrundem Körper und äußerst geringer Seiten- ausdehnung so gar nicht dem Bild von einem Fisch entsprechen. Auch die Vorliebe der Aquarianer für andere hoch gebaute oder nahezu kreisförmi- ge Fische, wie Diskusbuntbarsch, *Symphysodon aequifasciata*, Sägesalmler, *Pygocentrus*, Scheibensalmler, *Metynnis*, sowie die populärsten Arten der Labyrinthfische geht wohl auf diese von der allgemeinen Fischform abweichen- den Umrisse zurück. Andere Extreme hängen mit Körperbautypen zusam- men, die durch die vorwiegende oder ausschließliche Lebensweise an der

Oberfläche oder auf dem Boden vor- teilhaft sind. Beilbauchsalmler, *Carnegiella, Gasteropelecus*, besitzen eine von der Maulspitze bis zur Schwanz- flosse gerade verlaufende Rückenlinie, während viele Welse, Grundeln und Schmerlen eine teilweise extrem aufge- wölbte Rückenpartie bei geradem bis hohlem Bauchlinienverlauf aufweisen. Interessant ist auch, daß Liebhaber de- korativer Einzelpaare die scheibenför- migen Arten bevorzugen, andere Aqua- rianer aber Schwärme von schlanken Arten wie Bärblinge oder Ziersalmler favorisieren.

Innerhalb der Farben und Formen las- sen sich also gewisse Normwerte finden, die beim Auftauchen einer Neu-

Diskussalmler, *Poptella orbicularis*, gehören wegen ihres scheibenförmigen Körpers zu den beliebtesten Schwarmfischen in großen Schauaqaurien, die ihnen den notwendigen Lebensraum bieten.

heit eine Einschätzung darüber erlauben, ob der betreffende Fisch von einer Vielzahl der Aquarianer oder nur von einzelnen „angenommen" wird.

Doch sind Farben und Formen auch heute nicht allein entscheidend. Über die dekorative Wirkung eines Aquariums hinaus sind für die Hobbyisten zunehmend die Verhaltensweisen der von ihnen gepflegten Fische interessant geworden, besonders die mit der Fortpflanzung und mit der Brutfürsorge zusammenhängenden. Die von Außenstehenden oft geäußerte Vermutung, daß Fische „den ganzen Tag umherschwimmen", stimmt einfach nicht. Zwar gibt es eine Reihe von Arten, die sich, zumal im engen Lebensraum Aquarium, unspezialisiert im Laufe des

Tages überall einmal aufhalten. Bei näherer Betrachtung sind das aber die wenigsten. Nicht einmal die vielen „Schwarmfische" des Mittelwasser- und Oberflächenbereichs durchziehen ständig ruhelos und gleichförmig den ihnen zur Verfügung stehenden Lebensraum. Auch sie bevorzugen zeitweilig freie Wasserbereiche, halten sich dann wiederum Nahrung suchend am Boden auf, schwimmen auch spielerisch zur Oberfläche und untersuchen die Wurzeln der Schwimmpflanzen. Einzelne Paare sondern sich aber zeitweilig vom Schwarm ab, um ihre Balzspiele durchzuführen. Und ist es zu Laichakten gekommen, dann verteidigen die Männchen zumindest mehrere Stunden hindurch ihr Revier.

Scheiben- und Mühlsteinsalmler der Gattungen *Metynnis und Myleus* erfüllen zwar die „Norm", verzehren aber Pflanzen und sind deshalb weniger beliebt.

Beilbauchsalmler der Gattungen *Carnegiella, Gasteropelecus* und *Thoracocharax* (hier *T. stellatus*) sind Oberflächenschwarmfische, die in Gesellschaftsaquarien nur in Gruppen die mögliche dekorative Wirkung erreichen.

Das Beanspruchen eines Territoriums ist besonders solchen Arten eigen, die sich an der Oberfläche oder am Boden und damit an den Grenzen ihres Mediums bevorzugt oder ausschließlich aufhalten. Sie beanspruchen dort einen nur ihnen vorbehaltenen Raum, der nahezu immer in Beziehung zu ihrem Fortpflanzungsverhalten steht. Aus diesem Revier werden sowohl Artgenossen als auch fremde Fische vertrieben. Laichbereite Weibchen müssen deutliche Kennzeichen ihrer Laichbereitschaft aufweisen und oft sogar mit Hartnäckigkeit die vom Männchen ge-

legte Sperre durchbrechen. Labyrinthfisch-Männchen verjagen alle sie störenden Fische aus Oberflächenbereichen, während die bodenorientierten Buntbarsche das gleiche am Grunde des Aquariums tun. In dieser Vielfalt von gattungs- und arteigenen Verhaltensweisen liegt der ganze Reiz für den beobachtenden Aquarianer. Er folgt freilich diesem Verhalten umso gefesselter, je farbenprächtiger und auffälliger die „Vorführenden" gestaltet sind. Nun gibt es einige Aquarienfische, die zwar ein außerordentlich interessantes Verhalten zeigen, farblich jedoch ver-

Armbrustsalmler, *Triportheus angulatus,* erfordern wegen ihrer Größe und ihrer Schwimmbedürfnisse ausgesprochen geräumige Aquarien.

Typische Beispiele für Oberflächen-, Mittelwasser- und Bodenfische: *Epiplatys chevalieri* lebt vorwiegend in Oberflächennähe. Rote von Rio, *Hyphessobrycon flammeus,* und Goldflecksalmler, *H. griemi,* halten sich im Mittelwasserbereich auf. Gefleckte Panzerwelse, *Corydoras paleatus,* sind typische Bodenbewohner.

Während des Ablaichens auf breiten Blättern verblaßt das Fleckenmuster bei *Pyrrhulina vittata*. Die Eier haften am Blatt, werden vom Männchen bewacht und durch Wedeln mit den Flossen mit sauerstoffreichem Frischwasser versorgt.

gleichsweise unauffällig bleiben. Wenn aber viele Liebhaber diese Verhaltensweisen nicht kennen und der nicht sofort auffallende Fisch wenig gekauft wird, verlieren sowohl Züchter das Interesse an der weiteren Vermehrung als auch Importeure und Händler an Import und Handel. Allein von einigen Aquarianern wird dann die Vermehrung noch über ein paar Jahre weitergeführt. Da nun ständig Neulinge zur Aquaristik stoßen, gibt es immer wieder Interessenten, die sich gerade diese Verhaltensweisen in ihren Aquarien einmal vorführen lassen möchten. Doch dann ist die oft über eine lange Zeit hinweg als selbstverständlich angesehene und vorhandene Art mitunter verschwunden. Ein solches bedauerliches Beispiel ist der Forellensalmler, *Copeina guttata*. Noch in den 50er und 60er Jahren ein überall angebotener Aquarienfisch, verschwand er plötzlich, weil seine leichte Züchtbarkeit zu einem Massenangebot geführt hatte und die Preise beim Aufkauf unter die Herstellungskosten gefallen waren. Schlagartig nahmen sämtliche Zuchtbetriebe diese Art aus ihrem Programm. Ehe die Liebhaber merkten, daß es nun keine Forellensalmler mehr gab, waren auch deren Bestände überaltert und nicht mehr zuchtfähig. Bis heute sind lediglich Einzeltiere aus Beifängen bekanntgeworden. Gelegentliche Erwähnungen in Aufsätzen habe

ich zu überprüfen versucht, weil die Fische meist aus Gegenden genannt wurden, die mit den ursprünglichen Heimatangaben nichts zu tun hatten. Es waren auch stets keine Forellensalmler, sondern ähnliche Arten der Gattung *Pyrrhulina*. Warum es um diesen Fisch schade ist? Die Männchen übten tagelang eine recht intensive Brutpflege über am Boden gebildeten Mulden aus, die sich während der Balz- und Paarungsdrehungen bildeten. Das ist immerhin eine für Salmler nicht gerade übliche Art der Fortpflanzung. So kann man heute nur noch über die Vermehrung und die Verhaltensweisen des Forellensalmlers in alter Literatur lesen …

Man könnte noch weitere Arten aufzählen, deren im Aquarium erstmalig entdeckte und jederzeit beobachtbare Verhaltensweisen von künftigen biologisch interessierten Aquarianern nicht mehr verfolgt werden können. Einer drohenden Verarmung des Verhaltensformenschatzes müssen deshalb die Aquarianer selbst entgegenwirken. Im vorigen Kapitel wurden die ökonomischen Gründe dafür genannt, warum nur Arten im Sortiment auftauchen, deren Zucht sich in großen Mengen lohnt. Dadurch sind oft gerade verhaltensbiologisch interessante Arten zu „Sonderlingen" gemacht worden, weil sie in die gegenwärtigen Produktionsschemata (auch in Farmen) einfach nicht hineinpassen. Sie blockieren Aufzuchtbecken, weil sie nicht in rentablen Mengen verkauft werden können, oder die Aquarien der Fachgeschäfte, weil sie nicht auf den ersten Blick gefallen. Und weitere Arten drohen zu verschwinden, wenn nicht zielstrebig innerhalb der Aquaristik an ihrer Erhaltung gearbeitet wird. Da nämlich solche ökonomisch uninteressanten Arten auch nur geringe Aussicht haben, durch Importe wieder eingeführt zu werden, muß dringend etwas zur Erhaltung der noch vorhandenen Bestände getan werden.

Das aber können nur die Aquarianer selbst! Es bedarf einer schnellen organisatorischen Sicherstellung von Erhaltungsprogrammen für solche biologisch interessante Arten. Dazu gehören, um nur ein paar Beispiele zu nennen, die außerhalb des Wassers laichenden Spritzsalmler, *Copella arnoldi*, Zwergdrachenflosser, *Corynopoma riiseii*, deren Weibchen nach einer Vorratsbesamung mehrere Gelege ohne Männchen absetzen können ebenso wie Kleine Maulbrüter, *Pseudocrenilabrus multicolor*, deren Weibchen die Jungfische nur im Maul erbrüten und danach entlassen, sondern sie auch in der ersten Woche bei

Gefahr wieder aufnehmen. Aber auch maulbrütende Labyrinthfische sowie höhlenbrütende Buntbarsche und Wels-Arten sind, nachdem der Reiz als Neuheit verblaßt war, wieder selten geworden. Es gibt viele solcher Arten, die nur eine zeitlang nicht im Mittelpunkt des allgemeinen Interesses zu stehen brauchen, um gefährdet zu sein. Oft sind sie die einzigen aquaristisch beherrschten Vertreter ganzer Familien und es ist nicht die Schwierigkeit der Zucht, die zu ihrem drohenden Verschwinden führt, sondern lediglich das zeitweilig erloschene Interesse! Selbst während der Buntbarsch-Mode verschwanden attraktive Arten durch Unaufmerksamkeit. Der heutige Stand der aquaristischen Organisationsformen sowie die technischen Hilfsmittel verbieten eigentlich, daß von den Aquarianern einige Monate zu spät festgestellt wird, daß der eine die letzten Männchen, der andere noch ein Weibchen hatte, sie aber beide voneinander nichts wußten...

In diesem Zusammenhang ist es erforderlich, etwas zur Aquaristik im wiedervereinigten Deutschland zu sagen. Die Tatsache, daß mit der Wiedervereinigung vielen Aquarianern Arten zugänglich wurden, von denen sie bis

Im Ablaichverhalten ähneln manche *Copella*-Arten den Vertretern der Gattung *Pyrrhulina*. Die Zick-Zack-*Copella* ist wissenschaftlich noch nicht beschrieben.

Der Spritzsalmler, *Copella arnoldi*, stellt nicht nur innerhalb der brutpflegenden Salmler eine Besonderheit dar: die Paare springen aus dem Wasser und heften den Laich an der Unterseite von Blättern an. Das Männchen bespritzt den Laich und hält ihn feucht.

dahin nur träumen konnten sowie das ökonomisch völlig andere Gefüge des Fachhandels führten zur Aufgabe zahlreicher bis dahin über Jahrzehnte hindurch regelmäßig in Aquarien vermehrter Zuchtstämme. Nur wenige der einstmals leistungsfähigen Züchtereien vermochten sich unter den neuen Marktbedingungen zu behaupten - die Importe aus Farmzuchten waren billiger. Damit setzte sich bei einem großen Teil der Liebhaber jenes Konsumverhalten, das für die Menge der Aquarianer in der alten Bundesrepublik typisch war, auch dort durch, wo der Sinn der Aquaristik im Beherrschen der Lebensvorgänge bis zur Aufzucht von Jungfischen gesehen wurde. Man darf sicher nicht verschweigen, daß durch die Zucht von Aquarienfischen mancher DDR-Aquarianer seine finanzielle Lage durchaus nennenswert verbessern konnte - ein bei den gegenwärtigen Wasser-, Strom- und Mietpreisen geradezu lächerlich gewordenes Unterfangen. Sachlich bleibt zu bedauern, daß dadurch Arten bzw. gut beherrschte Stämme von Aquarienfischen verschwanden und das Sortiment angebotener Arten trotz der Im-

Maulbrutpflege kann der Aquarianer nicht nur bei Buntbarschen beobachten. Auch einige Kampffisch-arten, hier *Betta edithae,* er-brüten den Laich in der Mundhöhle und lassen die fertig entwickelten Jung-fische nach etwa zwei Wochen frei.

porte eintöniger geworden ist. Um die ganze Breite der in Aquarien züchtbaren Fische erleben zu können, muß man heute nach Polen, Tschechien und Rußland fahren. Die Züchter in diesen Ländern sind gegenwärtig in der Situation, die früher in der DDR bestand: Sie können die Kosten in ihrer Landeswährung abfangen, gewinnen aber Devisen beim Verkauf in die westeuropäischen Staaten. So lohnt es sich noch, Aquarienfische zu züchten.

Das Bestehen zahlreicher Interessengemeinschaften allein sichert leider nicht automatisch das Erhalten von Beständen. Eine Liebhaberei wie die Aquaristik ist und bleibt eine Freizeitbeschäftigung, die weitgehend vom persönlichen Geschmack abhängig ist. Sie unterliegt aber auch Einschränkungen durch Einflüsse des persönlichen und beruflichen Lebens. So ist das Erhalten einer durch Patenschaften oder Selbstverpflichtungen gebundenen Art selbst

Barbus schwanenfeldii sollte nur in großen Schauaquarien gezeigt werden. Diese über 30 Zentimeter lang werdende Barbe dient in ihrer Heimat als Speisefisch und ist zudem ein arger Pflanzenfresser.

Neuerdings wird im Fachhandel *Myxocyprinus asiaticus* angeboten und wegen der ungewöhnlichen Flossenform auch von vielen Aquarianern bestaunt. Von einer Vergesellschaftung in den üblichen Aquarien sollte man jedoch absehen.

bei gut gemeinter Absicht zeitweilig nicht erfüllbar, wenn solche Zwänge die Aquaristik in den Hintergrund drängen. Auch Beschäftigung mit Aquarien ist nur eine der schönsten Nebensachen der Welt.

Im Bemühen, über die Liebhaberebene hinaus auch wissenschaftliche Institute für den aquaristischen Formenschatz zu interessieren, sind die genannten Interessengemeinschaften über euphorisch beurteilte Anfangserfolge leider

Schützenfische, *Toxotes chatareus,* leben zwar in der Jugend auch im Süßwasser, benötigen aber mit dem Heranwachsen Brackwasser. Ihre Pflege ist auch wegen der erforderlichen Insektennahrung mit zusätzlichem Aufwand verbunden.

Es wäre falsch, Schlammspringer der Gattung *Periophthalmus* wegen ihres ungewöhnlichen Aussehens unter den üblichen Aquarienbedingungen zu pflegen. Sie brauchen Brackwasser und regelmäßige Gezeitenbewegung des Wassers.

nicht hinausgekommen. Vielmehr wurden von wissenschaftlicher Seite Bedenken angemeldet, ob die aus begrenzten Stückzahlen von Fischen aufgebauten Aquarienpopulationen und die an ihnen durchgeführten Beobachtungen von wissenschaftlichem Wert und damit des Erhaltens wert wären. Zunehmend beherrscht diese akademische Diskussion Symposien, auf denen für die praktische Erhaltung nichts herauskommt. So bleibt letztlich die Beschäftigung mit erhaltenswerten Arten eine Entscheidung des einzelnen Aquarianers, vielleicht noch einer befreundeten Züchtergruppe. Damit sind solche Fische aber auch abhängig von der persönlichen Hinwendung Einzelner. Auch mir redet niemand einen Fisch auf, zu dem ich keine Beziehung finde. So kann auch diese Schrift nur einen Appell an dafür Empfängliche darstellen, jene Fische, zu deren Farben, Formen oder Verhalten sie eine besondere Hinwendung verspüren, für sich und andere Interessenten über weitere Aquariengenerationen zu vermehren.

Den urtümlichen Knochenhechten der Gattung *Lepisosteus* ist ihre räuberische Lebensweise deutlich anzusehen. Ihre Haltung sollte ausschließlich wissenschaftlichen Institutionen oder spezialisierten Aquarianern vorbehalten bleiben.

Was also ist ein Sonderling?

Die Einschätzung, was „normal" und was abweichend von der Norm ist, hängt wesentlich davon ab, welcher Formenschatz beurteilt wird. So ist es zum Beispiel normal, daß Fische sieben Flossen besitzen: eine Rücken-, eine Schwanz-, eine After-, zwei Bauch- und zwei Brustflossen. Damit sind schon Fische mit zwei Rückenflossen, wie Regenbogenfische und Grundeln, nicht mehr normal, und ebenso müßten die eine Fettflosse tragende Salmler und Welse als Besonderheit betrachtet werden.

Normalerweise atmen Fische durch Kiemen. Es gibt aber mehrere Fischfamilien, in denen zusätzliche Atmungsorgane entwickelt wurden. Unter Aquarianern ist am bekanntesten die Familie der Labyrinthfische, deren Vertreter sämtlich ein Speicherorgan für atmosphärische Luft besitzen. Viele Welse, aber auch Grundeln und manche Salmler und Bärblinge können an der Oberfläche Luft schlucken und über Darmabschnitte daraus Sauerstoff gewinnen. Sind diese Fische nicht alle normal? Und, wenn man erfährt, daß unter den Labyrinthfischen die Angehörigen einiger Gattungen zwar ein Labyrinth besitzen, aber davon keinen Gebrauch machen, wäre innerhalb der abnormen Labyrinthfische eine weitere Besonderheitsstufe erreicht worden. Die aber reiht solche Labyrinthfische in die normalen Kiematmer ein. Es kommt also auch auf den Bezugspunkt an, denn für Labyrinthfische ist das Atmen atmosphärischer Luft normal.

Da die meisten Fische Eier legen, wurde das Auftauchen der ersten Lebendgebärenden Zahnkarpfen als Besonderheit empfunden. Daß es mehrere Arten von Meeresfischen gibt, die ebenfalls lebende Junge hervorbringen, wurde offenbar von der großen Menge späterer Aquarianer nicht zur Kenntnis genommen.

Allgemein gilt auch, daß sich Fische nach dem Ablegen des Laiches um ihren Nachwuchs nicht mehr kümmern. So wurden Arten mit auffälliger Brutpflege als etwas Besonderes angesehen. Inzwischen hat sich herausgestellt, daß es doch sehr differenzierte Brutpflegeformen auch bei Arten gibt, von denen man das einfach nur nicht wußte. Um eine möglichst große Anzahl von Jungfischen zu gewinnen,

Obgleich viele Grundel-Arten durchaus auch in reinem Süßwasser gepflegt werden können, entspricht die Haltung in Brackwasser auch bei *Dormitator maculatus* eher den natürlichen Gegebenheiten.

Plattfische aus tropischen Küstengebieten haben in der Aquaristik bisher kaum eine Rolle gespielt. *Achirus fasciatus* steigt sogar weit in die Süßwasserbereiche auf und könnte zumindest zeitweilig ohne Salzwasserzusatz gehalten werden.

wurde solchen Arten sogar keine Gelegenheit gegeben, eine wenigstens durch Raumschutz mögliche Brutpflege vorzuführen. Das künstliche Erbrüten von Laich und die Aufzucht der Jungfische getrennt von den Eltern brutpflegender Arten ist darüber hinaus nicht nur in Zuchtbetrieben, sondern auch bei Liebhabern üblich geworden. So bedauerlich das empfunden werden mag - Liebhaber sollten bestrebt sein, das gesamte biologische Programm der von Ihnen gepflegten Fische kennenzulernen - die mit dieser künstlichen Aufzucht verbundenen Hypothesen vom Verlorengehen des Brutpflegeinstinktes ist ein ausgemachter Unsinn, dessen Wahrheitsgehalt sich nicht erhöht, wenn er wissenschaftlich verbrämt vorgetragen wird.

Also ist alles zunächst einmal relativ. Wir haben uns nicht umsonst mit der Frage befaßt, wie Mode entsteht, und auch in den anderen Kapiteln versucht, die beliebtesten Aquarienfische auf Ei-

genschaften „abzuklopfen", die besonders ansprechen. Schließlich fanden wir, daß Farben, Körper- und Flossenformen sowie Verhaltensweisen die drei Komplexe sind, nach denen der Aquarianer Tiere auswählt, mit denen er sich beschäftigen möchte.

Das Angebot wechselte im Verlauf der Zeit, und so setzte sich das Sortiment des Handels, wenn wir vom Anteil der häufigsten Fischfamilien ausgehen, proportional recht unterschiedlich zusammen. Vor etwa 60 Jahren standen zum Beispiel die Salmler hoch im Kurs, und wer Buntbarsche pflegte, galt schon in seinem Verein als Sonderling. Heute ist es umgekehrt: Die Mehrzahl der Aquarianer eines Vereins pflegt Cichliden und Welse, und nur wenn eine Ausstellung des Vereins naht, werden plötzlich Salmler zur Komplettierung gesucht, sonst winkt man ab. So erklärt sich der Sonderstatus bestimmter Arten eigentlich nur aus dem Gegensatz, in dem diese Arten zu

Die südostasiatischen Kugelfische der Gattung *Colomesus* erreichen eine beträchtliche Größe und sind keineswegs unkompliziert zu pflegen. Es wäre leichtfertig, sie ausschließlich wegen ihres attraktiven Aussehens halten zu wollen.

den am meisten vertretenen Fischgruppen stehen. Demnach erhält aber so langsam jeder Fisch einen Sonderstatus, wenn er nicht Welsen, Buntbarschen oder den Zuchtformen Lebendgebärender Zahnkarpfen zuzuordnen ist. In der Tat diktieren heute Vertreter aus diesen Fischgruppen das Sortiment, weil sie farbig sind oder/und durch Verhaltensbesonderheiten

Noch vor wenigen Jahrzehnten gehörte der Keilfleckbärbling, *Rasbora heteromorpha,* zu den „Problemfischen", heute kann man ihn mit geringem Aufwand pflegen, und viele Aquarianer haben diese Art inzwischen gezüchtet.

auffallen. Als ein klassisches Beispiel, wie ein einst begehrter und als äußerst schwierig zu vermehren angesehener Fisch in die Rolle eines beiläufigen Sortimentsbestandteils geraten kann, muß der Keilfleckbärbling, *Rasbora heteromorpha*, eingestuft werden. Nahezu dreißig Jahre lang hatten sowohl Liebhaber als auch professionelle Züchter vergeblich versucht, diese attraktiven Fische zu vermehren. Die Literatur der 20er Jahre ist gefüllt mit heute abenteuerlich anmutenden Theorien über das Unterscheiden der Geschlechter, angebliche Wanderbewegungen der Fische zu anderen Wasserverhältnissen, und schließlich hatten namhafte Ichthyologen sogar behauptet, die Nachzucht dieses Fisches werde im Aquarium ohnehin niemals gelingen. Zu diesem Zeitpunkt schwammen aber in mehreren Aquarien bereits die ersten Jungfische. Von Betrug war die Rede, zumal manche der Importfische relativ klein eingeführt wurden. Als man sich daran gewöhnt hatte, daß Keilfleckbärblinge aus Sachsen und Thüringen jederzeit abrufbereit waren, nahm davon kaum jemand Kenntnis. Inzwischen war ein neuer „Mode-Fisch" als unzüchtbar erklärt worden, der Neonsalmler. Schließlich gelang auch seine Zucht in nur wenigen, durch günstige Wasserverhältnisse bevorteilten Gebieten, ehe die allgemeinen Wasserwerte richtig erkannt und nachgeahmt werden konnten. Damals waren Haltung und Zuchtversuche mit Keilfleckbärblingen und Neonsalmlern ein Ausweis für die Risikobereitschaft des betreffenden Aquarianers, vielleicht auch Demonstration des Geldbeutelinhalts. Während allerdings auch heute noch Neonsalmler recht beliebt sind, ging der Umsatz an Keilfleckbärblingen stark zurück. Man findet heute diese im Schwarm prachtvollen Fische nur noch als Insassen von Gesellschaftsaquarien ohne besonderen Stellenwert. Immer gehören zu den Besonderheiten die erst in jüngster Zeit bekanntgewordenen Arten, über deren Haltung und Zucht noch nichts Allgemeingültiges ermittelt werden konnte. Es ist dann nur ein kleiner Schritt von den ersten Zufallszuchten bis zum Abtauchen in der Anonymität eines inzwischen auf

Südamerikanische Messerfische, wie hier *Gymnorhamphichthys hypostomus*, gelangen selten in größeren Mengen, überwiegend als Einzeltiere, sogenannte Beifänge, in den Handel.

Gabelbärte, *Osteoglossum bicirrhosum*, werden für die meisten Aquarien zu groß und sollten Schauaquarien vorbehalten bleiben.

mehr als 1000 Arten angeschwollenen Traditionssortimentes.

So ist die Palette unserer Sonderlinge breit. Sie umfaßt viele Arten aus früheren Zeiten der Aquaristik, die heute nur in wenigen Exemplaren und von meist einzelnen und oft älteren Liebhabern erhalten werden. Weiterhin gibt es eine Anzahl von Arten, die niemals sehr populär waren und entweder durch zeitweilige Importe oder durch gelegentliche Nachzuchten eines an solchen Fischen Interessierten im Handel auftauchen. Und letztlich gehören dazu auch Fische, die erst vor kurzem bekannt geworden sind und über deren künftiges Schicksal in Aquarien noch keine Entscheidung gefallen ist, weil man über sie einfach noch zu wenig weiß.

Anliegen der folgenden Darstellungen soll sein, auf solche Aquarienfische aufmerksam zu machen, die nicht in jedem Aquarium zu finden sind und nach denen man in den Fachgeschäften oft monatelang vergeblich fragt. Es gibt sie aber noch bei einzelnen Liebhabern, vielleicht muß man auch über die Interessengemeinschaften Adressen aus dem Ausland erfragen, um Paare jener Arten zu erstehen. Die Massentendenz des Handels hat über solche Fische das Urteil bereits gesprochen, ob es vollstreckt wird, entscheidet auch jeder mit, der sich zum Lesen dieses Büchleins bereit fand.

Wegen ihrer oft ungewöhnlichen Kopf- und Flossenformen finden auch einzelne Exemplare seltener Grundeln, wie *Gobioides broussonetti*, ihre Pfleger.

Blinde Höhlensalmler

Noch vor gar nicht allzu langer Zeit wies eine gute Großhandelspreisliste fast 50 Arten von Salmlern (im weitesten Sinne dieses unzureichend definierten Begriffes) aus. Heute begegnet man im Laufe des Jahres in den Aquarien gut geführter Fachgeschäfte etwa 20 Arten, intensiv beschäftigen sich lediglich wenige Liebhaber mit diesen Fischen. Dabei wimmelt es von Besonderheiten gerade bei den Salmlern, die unzutreffend sämtlich als Schwarmfische für Gesellschaftsaquarien abgetan werden. Neben Arten mit ausgefallener Schwimmweise und eigentümlichem Fortpflanzungsverhalten, gibt es reine Fleisch- und vorzugsweise Pflanzenfresser. Schließlich kennt man sogar eine unter natürlichen Bedingungen in völliger Dunkelheit lebende Art, den Blinden Höhlensalmler, *Astyanax mexicanus*. Das ist natürlich kein Fisch für das übliche Gesellschaftsaquarium. Man sieht ihn in Zoologischen Gärten oder während einer Ausstellung in auf seine Lebensweise hin eingerichteten Aquarien. Meist werden dazu große Steine verwendet, die Beleuchtung von oben fällt weg und ein paar seitliche Lampen täuschen eine Höhlenstimmung vor.

Als Besonderheit wurden diese Fische seit ihrer Entdeckung 1936 immer angesehen. Nicht wenige Aquarianer haben sie auch der Kuriosität wegen gehalten, obgleich das rosa-fleischfarbene Aussehen nicht der allgemeinen Geschmacksneigung entspricht. Wenn nun gar ein Aquarianer auf die Idee kam, diese Tiere zu vermehren, so tat er sich und anderen damit wenig Gefallen. Sie lassen sich nämlich leicht züchten, und 5000 Junge von einem Paar bei einem Laichansatz sind bei entsprechenden Futtervoraussetzungen keine Seltenheit. Diese großen Mengen sind im Fachhandel einfach nicht abzusetzen. Hin und wieder würde mancher Händler gern 30 bis 50 Fische anbieten, darauf kann sich aber kein Berufszüchter einlassen. Für Liebhaber ist es aber nicht schwer, einfach nur die Vorwüchser dieser in Unmengen heranwachsenden Jungfische herauszusuchen und die selten gewordene Art zu erhalten. Es ist nämlich auch damit zu rechnen, daß unter den natürlichen Bedingungen in den Höhlen von San Louis Potosi in Mexico das ursprüngliche Vorkommen durch Wassermangel und gleichzeitige Verschmutzung gefährdet ist. Im ungünstigsten Fall würden die Tiere dort aussterben, im günstigsten Fall wird das Gebiet unter Schutz gestellt und damit verbieten sich Naturentnahmen. Die Demonstration dieses leicht zu haltenden Höhlenfisches mit verkümmerten Augen wird jedoch stets als Bereicherung einer Ausstellung empfunden. Zur Zucht gehört ein Aquarium von 50 cm Länge, das mit Frischwasser gefüllt und auf etwa 25° C temperiert wird. Die Wasserzusammensetzung spielt keine Rolle, sofern nicht extrem

Astyanax mexicanus

Astyanax mexicanus, links unten ein Weibchen

weiches oder sehr hartes Wasser Verwendung findet. Die Höhlensalmler leben ohnehin unter jahreszeitlich stark wechselnden Wasserbedingungen. Regen- und Trockenzeit verändern nicht nur die Menge des Wassers, das durch die Höhlen fließt, auch die Wasserzusammensetzung schwankt stark. In diesen Höhlen leben Tausende von Fledermäusen, deren Kot in das Wasser fällt, und von dessen verwertbaren Resten leben die anspruchslosen Fische. Sie schnappen infolge dessen gierig nach allem Freßbaren, so daß auch der Laich geschützt werden muß. Durch ein Kunststoff- oder Edelstahlgitter, das schräg nach oben ein Ufer vortäuscht, fallen die im freien Wasser abgegebenen Eier nach der Paarung durch die Maschen und können von den gefräßigen Elterntieren nicht erreicht werden.

Es ist besser, eine Gruppe in einem großen Aquarium anzusetzen als ein einzelnes Paar. Die Unterscheidung der Geschlechter gelingt leicht, weil laichreife Weibchen eine unübersehbare Körperfülle aufweisen und oft blaßgelb bleiben, während Männchen eine geradlinige Bauchlinie besitzen und

sich, vor allem in Balzstimmung, goldrot einfärben. Die Verpaarung aus einer Gruppe heraus gelingt leichter, weil es mitunter länger dauert, ehe beide Partner gleich stimuliert sind. Hoch laichbereite Tiere sind äußerst schwimmaktiv und treiben den schwächer stimulierten Partner in einem kleinen Aquarium in unerträglicher Weise herum. Dagegen finden sich aus einer Gruppe die laichbereiten Tiere ziemlich problemlos. Das Treiben durch Maulstöße seitens des Männchens in der Bauchpartie des Weibchens gehört zum normalen Paarungsvorspiel. Kurz vor der Paarung schwimmen die Fische in einer immer enger werdenden Spirale nach oben, wo die Paarung unmittelbar unter der Wasseroberfläche stattfindet. Mit einem abschließenden Ruck wird meist eine große Wolke von Laich ausgestoßen, die relativ schnell zu Boden sinkt. Interessant ist dabei, daß der Laich zunächst rund und flach wie Geldstücke gepreßt ist und erst im Wasser zur Kugelform aufquillt. Man erklärt sich das und die damit vergrößerte Anzahl der hervorgebrachten Eier aus der Unwirtlichkeit der natürli-

von der Oberhaut überwachsen. Später sitzt meist eine besonders große Schuppe mit intensivem Guaninglanz an der Stelle, wo Jungfische noch offensichtlich sehtüchtige Augen besaßen.

Da von den vielen bekanntgewordenen Höhlenfischen keiner weitere Art leicht in Aquarien erhalten und vermehrt werden kann, wäre es geradezu leichtfertig, die Zucht von Höhlensalmlern aufzugeben.

Literatur:
Lüling, K.-H. (1954: Untersuchungen am Blindfisch *Anoptichthys jordani* Hubbs & Innes (*Characidae*). Naturwiss. Rdsch. H. 5, S. 197-203
Stallknecht, H. (1964): Zum Ablaichverhalten des Blinden Höhlensalmlers *Anoptichthys jordani* Hubbs & Innes. AT, S. 53

Kopfsteher

Von der Körperform her bieten diese Fische eigentlich keinerlei Besonderheit, und in Präparatesammlungen sehen sie aus wie jeder andere Fisch auch: Ein spindelförmiger Körper, alle Flossen am üblichen Ort und ohne besondere Kennzeichen. Ein Schwarm lebender Punktierter Kopfsteher, *Chilodus punctatus*, wirkt allerdings auf den Beschauer fesselnd. Alle Tiere schwimmen in paralleler Körperhaltung, 45 bis 50 Grad kopfunter geneigt. Sie suchen den ganzen Tag den Bodengrund nach Freßbarem ab und ihre Schwimmhaltung stellt die erstarrte Form des Gründelns dar. Da sie außerdem die bei Fischen seltene Farbe braun aufweisen und mit schwarzen Schuppenumrandungen und Punkten in den Flossen auffällig gemustert sind, bilden sie in jedem Gesellschaftsaquarium einen attraktiven Blickpunkt. Allerdings muß einschränkend darauf hingewiesen werden, daß sie viel pflanzliche Nahrung benötigen. Wird sie nicht geboten oder von ebenfalls Pflanzen fressenden Beifischen vertilgt, sehen entweder die Kopfsteher oder die Bepflanzung des Aquariums weniger

chen Vorkommensgebiete, in denen nur wenige Jungfische überleben. Blinde Höhlensalmler, früher als eigene Art *Anoptichthys jordani* beschrieben, werden heute lediglich als eine sehuntüchtige Population der in Mexico weit verbreiteten Art *Astyanax mexicanus* angesehen. In den besonnten Abschnitten vor den Höhlen kommen diese Salmler in großen Scharen vor, und es wurden Hybriden mit unterschiedlicher Ausprägung sehtüchtiger Augen auch unter natürlichen Verhältnissen festgestellt. Im Aquarium konnte durch Versuche ermittelt werden, daß Jungfische des Blinden Höhlensalmlers in den ersten Lebenstagen durchaus Futtertiere sehen können. In einem durch eine Trennscheibe separierten Abteil drängten sich junge Höhlensalmler im Alter von 7 bis 10 Tagen, wenn jenseits der Trennscheibe Mikrowürmchen herabsanken. Deren intensiv schlängelnde Bewegung wurde ganz offensichtlich wahrgenommen. Bei einer Größe von etwa einem Zentimeter beginnt die Kontur des Augenumrisses undeutlich zu werden. Die Augen sinken in die Schädelhöhlen ein und werden seitlich gut aus. Das mag nach anfänglicher Begeisterung der Aquarianer die Bereitschaft zur Haltung dieser dekorativen Fische gedämpft haben. Gerade zu der Zeit, als die Fortpflanzung der Kopfsteher bei immer mehr Züchtern gelang, entdeckten viele Liebhaber gut bepflanzte Aquarien als belebende Blickpunkte im Wohnzimmer. Diese oft mühsam errungene Position durfte nicht durch noch so interessant schwimmende Fische zunichte gemacht werden.

So kam die gelungene Nachzucht der Kopfsteher zeitlich ein bißchen spät. Deshalb sind diese Fische auch heute kaum noch im Handelsangebot. Das ist schade, denn man muß die Bemühungen kennen, die viele namhafte Salmler-Spezialisten gerade um *Chilodus punctatus* unternommen haben. Deren Fortpflanzung wollte und wollte nicht gelingen. Nur mit den üblichen Wasserflöhen und Zyklops, ab und zu ein paar Enchyträen und sauberen *Tubifex* setzten die deutlich größeren Weibchen keinen Laich an. Da jedoch bei Zierfischzüchtern der alten Tradition Wasserpflanzen geradezu verpönt waren und beim Säubern der Aquarien störten, konnten die

Kopfsteher keinerlei pflanzliche Nahrung bekommen. Ebenso war es nicht üblich, außer „ordentlichem" Lebendfutter irgendwelche Ersatzfuttermittel, beispielsweise Haferflocken, anzubieten.

So ergab sich durch einen Zufall, daß ein Aquarianer, der solch „wertloses" Beifutter zu Zeiten gab, in denen er nicht zum Tümpel fuhr, einem versierten Züchter einige laichvolle Weibchen überließ. Damit war das Rätsel gelöst. Allerdings verpilzten die reichlich abgelegten Eier fast sämtlich, so daß eine Zugabe keimtötender Mittel notwendig wurde. Einige der Eier waren befruchtet, und die Embryonalentwicklung konnte deutlich unter dem Mikroskop verfolgt werden. Nur kam es durch die lange Entwicklungszeit zur Massenvermehrung von Pilzen und Bakterien. Mit dem keimtötenden Medikament gelang es, das Verpilzen der gesunden Eier auszuschließen. Dennoch schlüpfte kein Jungfisch. Offensichtlich war durch die Medikamentenzusätze die Eihülle förmlich gegerbt und so fest geworden, daß die Jungfische sie nicht zum kritischen Zeitpunkt sprengen konnten. So setzte sich einer der Erstzüchter hinter eine Präparierlupe und

Chilodus punctatus, Paar

Anostomus anostomus, Männchen

stach Ei um Ei mit zwei Präparier-
nadeln vorsichtig an, um auf diese
Weise den Jungfischen Schlupfhilfe zu
gewähren. Am besten gelang das bei
den ersten Eiern. Später aufgestochene
Eier brachten nur Jungfische mit ver-
krümmter Wirbelsäule hervor, weil die
Verfestigung des Skeletts bereits in der
Eihülle begonnen hatte. Innerhalb der
kritischen Zeit mußte also auch noch
recht schnell gearbeitet werden.
Inzwischen ist es möglich, junge Kopfsteher auch ohne Schlupfhilfe heran-
zuziehen. Einmal verpilzt rechtzeitig
abgesetzter, frisch gebildeter Laich
nicht wie übertragene Eier. Außerdem
kann man auch keimtötende Mittel
verwenden, von denen keine verfesti-
gende Wirkung auf die Eihülle ausgeht.
Aber wie sehen die Kopfsteher aus, die
man im Fachhandel angeboten be-
kommt? Offensichtlich ist immer noch
nicht genügend bekannt, daß sie zu
guter Entwicklung vorwiegend pflanzliche Nahrung brauchen. So erscheinen sie schon nach der Anlieferung
durch den Großhandel hohlbäuchig.
Im Verlauf der Haltung im Verkaufs-
aquarium wird ihr Zustand nicht besser, und die Tiere werden nicht gekauft. In der Folge bestellt der Händler
diese Fische nicht mehr...
Sollte das aquaristische Ende jener interessanten Fische bevorstehen? Sie
sind heute mit speziellen pflanzlichen
Flockenfutterpräparaten ohne Gefahr
für den Pflanzenwuchs in jedem Aquarium gut zu halten und mit nur geringem Aufwand auch zu züchten.

Literatur:
FRANKE, H.-J. (1963): *Chilodus punc-
tatus* MÜLLER & TROSCHEL, 1845. AT,
S. 111

- (1995): Die Kopfsteher der
Gattungen *Caenotropus* und
Chilodus. DATZ, S. 282

Augenstrichsalmler

In den einführenden Kapiteln wurde
der Forellensalmler, *Copeina guttata,*
als Beispiel eines brutpflegenden
Salmlers erwähnt, der durch Unaufmerksamkeit aus den Aquarien verschwand. Es gibt aus dessen Verwandtschaft eine ganze Anzahl von Arten, die
das gleiche Schema der Laich- und
Brutfürsorge in abgewandelter Form
vollziehen und im Aquarium ohne
Mühe gehalten und gezüchtet werden
können.
Am ähnlichsten sind die Arten der
Gattung *Pyrrhulina,* von denen zeitweilig verschiedene Vertreter im Handel angeboten werden. Sie laichen vorwiegend auf breiten Blättern. Das
Männchen besetzt ein solches meist
horizontal wachsendes Blatt und hält
die Umgebung mit für ein so kleines
Tier erstaunlicher Aggressivität frei.
Nur laichbereite Weibchen dürfen sich
dem Blatt nähern. Sie werden mit auffälligen, sprungartigen Schwimmbewegungen begrüßt und durch zittern-
des Aufschwimmen des Männchens
zum Blatt gelockt. Noch während dieser Vorbereitungsphase tupft das
Männchen mit dem Maul die Blatt-
oberfläche sauber und entfernt Algen
und Schmutzbeläge. Ist das Weibchen
paarungswillig, so begibt es sich an eine Seite des Männchens. Mit kurzen,
ruckartigen Schwimmbewegungen setzen nun die eng aneinander gepreßten
Tiere winzig kleine, meist glasklare bis
bräunliche Eier ab. Nach 10 bis 15

Copeina guttata, Männchen

solcher Paarungen können etwa 200 Eier auf dem Blatt haften. Mit der nachlassenden Laichbereitschaft des Weibchens muß es nun fliehen, denn es wurde nur während des Laichaktes im Revier geduldet. Sind noch weitere Weibchen vorhanden, so kann das Männchen mit bis zu fünf weiteren Weibchen ablaichen und das Gelege erreicht riesige Dimensionen. Obgleich aber dann mitunter ein *Echinodorus*-Blatt von Eiern bedeckt ist, läßt sich das Gelege für den ungeübten nur schwer entdecken. Da meist einige Eier unbefruchtet bleiben und weiß werden, sieht man diese besser als die sich normal entwickelnden. Mancher Aquarianer hat erst durch diese weißen Eier näher hingeschaut und dabei erst den gesunden Laich entdeckt. Die Männchen pflegen unterschiedlich aufmerksam; während bei vielen bereits nach wenigen Stunden der Brutpflegetrieb erlischt und der Laich oft sogar verzehrt wird, sind manche äußerst ausdauernd und sorgfältig. Auch sie stehen mit dem Kopf nach unten über dem Gelege, sie picken aber gezielt nur die weiß gewordenen Eier heraus und vergreifen sich nicht an den gesunden. Sie wehren auch andere Fische ab, die dem Laich zu nahe kommmen. Nach meinen Erfahrungen ist es sogar gut, einige von den Männchen leicht beherrschbare Feindfische (Schwertträger, Fadenfische) in das Zuchtaquarium zu setzen, weil deren Anwesenheit dem Brutpflegetrieb förderlich ist. Fand der Laichakt in einem Gesellschaftsaquarium statt, so kann man das Blatt mit dem Laich entnehmen und die Jungen in einem gesonderten Aquarium schlüpfen lassen.

Ein wenig problematisch erweist sich häufig die Aufzucht. Die Jungfische aller *Pyrrhulina*-Arten sind recht klein. Sie finden in einem bereits über längere Zeit bestehenden Aquarium am ehesten die erforderliche kleine Erstnahrung. Will man sie dagegen in einem einrichtungslosen Zuchtaquarium anfüttern, so kann es schwierig werden, die erforderlichen

Copella sp., Paar

Futtermengen dieser kleinen Fraktion in ausreichendem Maße anzubieten. Trotz ihrer geringen Größe kommen jedoch immer wieder einige Jungfische, oft unbemerkt, in Gesellschaftsaquarien zur Entwicklung. Es ist erstaunlich, wie „selbstbewußt" solche Winzlinge zeitweilig aus der Bepflanzung auftauchen und bei der Annäherung eines sie bedrohenden Fisches mit einem Ruck wieder verschwinden.

Literatur:
STALLKNECHT, H. (1987): *Pyrrhulina vittata* REGAN, 1912. AT, S. 188-191

halb des Wassers an der Unterseite überhängender Uferpflanzen befestigen und dazu mindestens 10 bis 15 cm hoch aus dem Wasser springen müssen.

Es soll tatsächlich Aquarianer geben, die während der Zeit, in der sie sich mit Fischen beschäftigen, nicht wenigstens einmal den Versuch gemacht haben, Spritzsalmlern beim Laichen zuzuschauen. Dabei ist der Aufwand hierfür nur äußerst gering. Man kann das Aquarium so belassen wie es ist, auch die vorher darin befindlichen Fische dürfen bleiben. Es ist sogar

Copella arnoldi, Paar

Spritzsalmler

Zu den nahen Verwandten des Forellensalmlers und der Augenstrichsalmler gehört auch der Spritzsalmler, *Copella arnoldi*, den wir noch gelegentlich in den Fachgeschäften sehen. Leider mehren sich die Anzeichen dafür, daß er immer seltener angeboten wird. Dabei hebt sich diese Art durch ihre Fortpflanzungsweise von allen anderen Fischen der Welt geradezu sensationell ab. Es sind die einzigen Fische, die ihren Laich außer-

besser, wenn Spritzsalmler in Gesellschaft anderer Arten gehalten werden. Allein sind sie nämlich recht scheu, verstecken sich in blasser Färbung zwischen den Pflanzen und laichen höchstens, wenn man tagsüber nicht zu Hause ist. In einem üblichen Gesellschaftsaquarium mit anderen Salmlern, Lebendgebärenden Zahnkarpfen oder sonstigen Fischen, die ihnen an Größe nicht überlegen sind, kann man aber mehrere *Copella arnoldi* pflegen. Nur den Wasserstand sollte man so weit senken, daß etwa

Copella arnoldi, Paar vor dem Sprung

10 cm Luftraum bis zur Deckscheibe besteht. Es kann auch erforderlich sein, die Beleuchtung ein wenig anzuheben, damit die Deckscheibe sich nicht allzu sehr erwärmt. Der Laichort läßt sich vorgeben. Ich konnte jedenfalls feststellen, daß die Fische stets dort laichten, wo ich mit einem Stück Pappe auf der Deckscheibe für Schatten sorgte. Auch damit kann man der Erwärmung durch die Beleuchtung ausweichen. Dadurch ist es auch möglich, eine schmal geschnittene Zusatzscheibe über das Aquarium zu bringen, die man nach der Laichablage entfernt und in einem anderen Aquarium bis zum Schlupf der Eier unter Wasser aufbewahrt.

Es ist besser, eine Gruppe zu kaufen als ein Paar. Bei der Schilderung des Laichaktes werden wir die Begründung dafür erfahren. Meist beginnen die Männchen am Tag nach einer Frischwasserzugabe zu rivalisieren. Dabei laufen ihre Flanken schwarzbraun an, die Flossenenden zeigen leuchtend rote Tropfen, und die Männchen kämpfen um einen Platz an der Oberfläche. Für die Beobachtung und eventuelles Fotografieren ist es deshalb gut, wenn die Blattattrappe möglichst nahe an der Frontscheibe liegt. Darunter etabliert sich das stärkste Männchen, und es dauert gewöhnlich nicht lange, bis wir die ersten Probesprünge beobachten können. Die führt das Männchen zunächst noch allein aus. Schon nach kurzer Zeit hat es sich auf die erforderliche Distanz eingesprungen und landet zielsicher nach einer hufeisenförmigen Flugbahn mit dem Bauch unter der Deckscheibe.

Nun ist es Zeit für das Eintreffen der Weibchen. Sie kommen auch, oft alle auf einmal, so daß das Männchen die Wahl hat. Wie wählt es aus? Schauen wir einmal näher hin: Während das Männchen schräg nach oben unter der Oberfläche steht, drängen sich über dessen Rücken die laichbereiten Weibchen. Sie versuchen, von rechts und von links Körperkontakt mit dem Männchen aufzunehmen. Nach wenigen Sprüngen mit immer dem gleichen Weibchen wissen wir es: Jedes Männchen hat seine „Schokoladenseite". Nur die Weibchen, die sich ihm von dieser Seite her nähern, werden im Sprung mit nach oben genommen. Schwimmt ein Weibchen hartnäckig von der falschen Seite heran, taucht das Männchen mit einer blitzschnellen Bewegung ab und beißt dieses Weibchen weg. Deshalb rate ich, eine Gruppe von Jungfischen oder mehrere Paare zu kaufen, weil man den Tieren nicht ansehen kann, welche Paare miteinander springen.

Durch genaues Hinsehen, Fotografien und Filmaufnahmen wissen wir heute, wie der Sprung ausgeführt wird. Nach der Steilstellung beider Partner, in der nur die Köpfe zusammenstoßen, zwischen den Körpern aber ein deutlicher Abstand bleibt, schnellen die Tiere aus dem Wasser. Sie strecken sich dabei gleichzeitig und führen einen engen Körperkontakt herbei. Die großen Flossenflächen des Männchens umhüllen in der Sprungphase das kleinere Weibchen. Auch wenn die Fische oben angekommen sind, haftet das kleine Weibchen förmlich an den feuchten Flossen des Männchens. Dabei garantiert die Position der unter dem Blatt liegenden Fische stets die größte Nähe der Geschlechtsöffnungen. Bei jedem Sprung werden vom Weibchen zwischen 5 und maximal 10 Eier abgegeben und gleichzeitig vom Männchen besamt. Ist der Laichvorrat eines Weibchens erschöpft, so verschwindet es und macht dem nächsten Platz. Dem Männchen ist das gleich, die Hauptsache ist, daß das neue Weibchen von der richtigen Seite anschwimmt. Schließlich können weit über 100 Eier unter der Deckscheibe haften. Sie sind um so besser besamt, je geschlossener das Gelege plaziert wird. Sobald das Männchen nicht mehr laichwillig ist, beißt es auch die noch laichvollen Weibchen weg und widmet sich der Brutpflege, die sich als ebenso außergewöhnlich wie die Laichablage erweist. Es stellt sich schräg, aber nicht so steil wie vor dem Sprung, und führt vom Bewegungsablauf her einen Sprung „im Stand" unter der Wasseroberfläche aus. Dabei streicht die lang ausgezogene Schwanzflosse wie das letzte Ende einer knallenden Peitsche im Oberflächenbereich und spritzt mehrere Wassertropfen mit erstaunlicher Zielsicherheit auf das Gelege. Dieser Vorgang wiederholt sich um so öfter, je höher die Wassertemperatur ist. Damit korreliert die Aktivität des Männchens gut mit der bei höheren Temperaturen verstärkten Gefahr des Austrocknens der Eier. Je nach Wassertemperatur hält dieses Spiel 36 bis 40 Stunden lang an. Auch nachts wird das Gelege bespritzt, jedoch nicht so häufig wie bei eingeschalteter Beleuchtung.

Mit einer Lupe kann man die Embryonalentwicklung der zunächst gelblich schimmernden, dann jedoch zunehmend bräunlichen Eier gut verfolgen. Schließlich schlüpfen die Jungen, zappeln in der Restfeuchtigkeit herum und fallen beim nächsten Spritzer mit dem Wassertropfen ins Aquarium. Dort können sie allerdings, von den Männchen gefressen werden, wenn sie nicht eine schützende Schwimmpflanzendecke aufnimmt.

Züchter halten sich mit der Beobachtung dieser Vorgänge (leider) nicht lange auf. Sie stellen entweder entsprechend zurechtgeschnittene kleine Deckscheiben mit den Eiern sofort ins Wasser oder sie schaben mit einer Rasierklinge jeden Tag den Laich ab und erbrüten ihn ebenfalls unter Wasser. Für die Aufzucht junger Spritzsalmler benötigt man entweder sehr kleines Futter oder, wie bei den Augenstrichsalmlern, ein großes, bereits lange

Copella arnoldi, Männchen am Blatt haftend, Weibchen hat den Absprung verpaßt

eingerichtetes Aquarium, in dem die Jungfische sich aus der dort vorhandenen Kleinlebewelt das erforderliche Erstfutter zusammensuchen. Sie wachsen anfangs recht langsam, und erst bei einer Größe von 2 cm, wenn sie auch mit größerem Futter fertig werden, geht das Wachstum zügig voran. Bald sieht man an den sich vergrößernden Rückenflossen die künftigen Männchen, die bei einer Länge von etwa 5 cm erste Sprungversuche unternehmen.

Spritzsalmler sind bei aller Mühe, die die Aufzucht bereiten kann, gut geeignete Aquarienfische, viele Aquarianer haben das noch gar nicht bemerkt.

Literatur:

STALLKNECHT, H. (1985): Der Spritzsalmler, *Copella arnoldi* - 80 Jahre in Aquarien gezüchtet. AT, S. 299-303

Schrägschwimmer

Haben wir mit kopfstehenden Arten das eine Extrem der Abweichungen aus der normalen horizontalen Schwimmlage der Fische erwähnt, so sollen auch Arten mit der entgegengesetzten Schwimmhaltung genannt werden. Als sei ihnen die Schwanzflosse zu schwer, ziehen diese Fische vorwiegend in Gruppen, besser noch im Schwarm durch das Aquarium.

Die Gattung *Thayeria* umfaßt mehrere solche ständig mit dem Kopf schräg nach oben schwimmende Arten. Da nur eine, *Thayeria boehlkei*, vermehrt werden konnte, ist sie zum ausschließlichen Schrägschwimmer der Aquarianer geworden.

So eigenartig wie ihre Schwimmweise ist auch ihre Fortpflanzung. Wer die Fische dabei beobachten will, muß zunächst etwas Geduld aufbringen und über ein Jahr warten, bis die Männchen geschlechtsreif sind. Viele gescheiterte Zuchtversuche beruhen auf zu jungen Männchen, die noch kein befruchtungsfähiges Sperma abgeben können. Ein weiteres Problem kann das Herausfangen eines Paares werden. Mögen andere Salmler schon viele Aquarianer zur Verzweiflung gebracht haben, wer Schrägschwimmer-Männchen aus einem über 80 cm langen Aquarium herausbekommen möchte, benötigt nicht nur zwei Kescher und volle Bewegungsfreiheit, sondern auch Reaktionen, wie man sie allgemein nur bei Weltklasse-Judokas antrifft. Es heißt zwar gelegentlich in Zuchtanweisungen, daß das Paar am Abend zuvor ohne größere Beunruhigungen herauszufangen sei, doch kann es sich nur um Tiere handeln, die mit irgendeinem Schlafmittel vorbehandelt worden sind…

Leichter ist es, den gesamten Schwarm in den Kescher zu bekommen und ihn in einem geräumigen Zuchtbecken von etwa einem Meter Länge anzusetzen. Man braucht in diesem großen Aquarium keinen Laichrost, denn Schrägschwimmer vergreifen sich nicht an ihrem Laich. Sollte dennoch eines der nicht am regen Treiben beteiligten Tiere ein paar Eier während des Herabsinkens schnappen, so ist das nicht schlimm, denn jedes Schrägschwimmer-Weibchen kann weit über 1000 Eier absetzen.

Mitunter läßt sich das Ablaichen dieser Fische nur schwierig beobachten. Nicht jeder möchte bis lange nach Mitternacht aufbleiben, um beim spärlichen Schein einer unweit vor dem Haus leuchtenden Straßenlaterne mit leicht verdrehtem Genick dem Treiben der Schrägschwimmer zuzuschauen. Das spielt sich nämlich in nahezu völliger Dunkelheit und mit erheblichem Tempo ab. Außer dem Schrägschwimmer und dem Roten Neon, *Paracheirodon axelrodi*, kenne ich keine weitere Salmler-Art, die so konsequent nachts laicht. Unüberhörbar ist das Geplätscher der an der Oberfläche dahinjagenden Fische, und vom Laich, der in großen Mengen zu Boden sinkt, sieht man im fahlen Gegenlicht kaum etwas. Das Zuchtbecken sollte man nur halb mit Wasser füllen oder fugendicht abdecken. In kleineren Aquarien „schießen" die Fische in den Ecken hoch und können dabei leicht herausspringen. Wie wild die Laichumdre-

Thayeria boehlkei, Paar

hungen der Tiere ausgeführt werden, merkt man spätestens dann, wenn bei hoch aufgefüllten Zuchtaquarien die Unterseite der Deckscheibe betrachtet wird. Oft befinden sich in den Wassertropfen allein dort Hunderte von Eiern.

Da die Fische auch in kleineren Aquarien paarweise laichen, kommt es bei zu geringer Wassermenge durch die Masse der abgegebenen Geschlechtsprodukte zu Trübungen des Wassers, die ein Verpilzen des gesamten Laichs zur Folge haben können. Man muß deshalb unbedingt bis zur Beendigung des Laichaktes aufbleiben, die Fische herausfangen, soviel wie möglich des getrübten Zuchtwassers abziehen und durch frisches ersetzen.

Kann die Verpilzungsrate der Eier gering gehalten werden, weil die Wassertrübung vermieden wurde, so schlüpfen geradezu Unmassen von Jungfischen. Sie benötigen, wenn sie am 5. Tag nach dem Ablaichen frei zu schwimmen beginnen, nur drei Tage hindurch kleines Staubfutter, das allerdings in großen Mengen. Von da an sind sie nicht wählerisch und nehmen schon durch die in der Menge größere Futterkonkurrenz jede gebotene Nahrung an.

Trotz der hohen Vermehrungsrate ist dieser Salmler recht selten im Angebot des Fachhandels zu finden. Liegt es an der relativ schlichten Zeichnung? Außer einem kräftigen schwarzen Strich durch die Körpermitte, der sich im unteren Schwanzflossenlappen fortsetzt, und einem besonders bei älteren Männchen verstärkt auftretenden intensiven Grünglanz im Rückenbereich besitzt der Schrägschwimmer keine schmückenden Farben. Oder scheuen die Züchter die erforderliche Nachtarbeit? Denn, wenn man nachts nicht aufbleibt und die beginnende Trübung des Wassers nicht sofort beseitigt, kann diese auch bei stärkster Durchlüftung oder Aktivkohlefilterung am Morgen bereits soweit fortgeschritten sein, daß sich keines der zahlreichen Eier mehr zu entwickeln vermag.

Literatur:
WILHELM, H. (1968): Zucht von *Thayeria boehlkei*. AT, S. 242

Nannostomus eques, Jungfische

Schrägsteher

Nicht entfernt so produktiv ist eine zweite ständig mit dem Kopf nach oben gerichtet schwimmende Art, die wegen ihres oft langen Verharrens an einer Stelle Schrägsteher genannt wurde. Diese Fische, *Nannostomus eques*, sowie *N. unifasciatus unifasciatus* und *N. unifasciatus ocellatus* gehören in die Verwandtschaft der Ziersalmler und sind wie diese gesamte Gruppe sparsamer in der Eiablage als andere Salmler. Ihnen ist auch gelegentlich eigen, während des Laichens die gerade abgelegten Eier zu verzehren. Während aber die meisten

Ziersalmler-Arten pro Paarung nur wenige Eier in dichten Pflanzenbüscheln absetzen, bevorzugen Schrägsteher breitere Blätter und heften den Laich an deren Unterseite.

Herabsinkende Eier werden jedoch gierig gefressen. Daraus ergibt sich eine Konsequenz: Entweder man züchtet Schrägsteher in extrem weichem Wasser, so daß die Eier kleben, oder man verwendet Wasser von einem höheren Mineralgehalt, bei dem die Eier nicht haften und sofort absinken. Dann aber ist ein Laichrost erforderlich und darüber ein extrem niedriger Wasserstand, so daß die Zuchttiere - vor allem die Weibchen - nur kurzzeitig Gelegenheit haben, solche Eier zu erhaschen.

Gerade bei Schrägstehern ist es schwer, allgemeingültige Regeln auf jedes Paar anzuwenden. Die individuellen Unterschiede sind außerordentlich groß. So teilen die Aquarianer recht unterschiedliche Erfahrungen über die Produktivität ihrer Schrägsteher-Zuchten mit. In einem Aquarium sind sogar in Anwesenheit der Elterntiere Jungfische aufgewachsen, in anderen Fällen wurde trotz reichlicher Fütterung und häufiger Laichabgabe jedes Ei unmittelbar nach der Ablage verzehrt, ehe erneute Paarungen stattfanden. Da sich die berufliche Zierfischzucht mit dieser Art kaum noch beschäftigt, muß hiermit an die Salmler-Spezialisten unter den Liebhabern ernsthaft appelliert werden, ihre Aufmerksamkeit dieser seltsamen Art verstärkt zuzuwenden.

Literatur:
FEIGS, G. (1953): Der Schrägsteher. DATZ, S. 202-204

Zwergdrachenflosser

Üblicherweise setzt man zur Vermehrung von Salmlern Männchen und Weibchen in der Hoffnung ab, daß sich Paare finden, die miteinander harmonieren und nach den Balzspielen Eier ablegen. Nach dem Herausfangen der Elterntiere wartet man dann gespannt auf das Schlüpfen der Larven. So kann man sich die Überraschung vorstellen, die ein Aquarianer erlebte, als ein von einer größeren Gruppe übrig gebliebenes einzelnes Weibchen eines Tages unruhig um eine Pflanze herumschwamm. Plötzlich drehte es sich mit dem Bauch nach oben und begann, unter einem Blatt Ei auf Ei anzuheften. Danach schwamm es eine Weile weiter, peilte

wieder ein Blatt an, drehte sich und wieder wurde eine Reihe von Eiern angeklebt. Aus diesen Eiern schlüpften auch Junge.

Tatsächlich läßt sich diese Art des Ablaichens bei einer Anzahl von Salmlern beobachten: Die Weibchen speichern die bei der Paarung übergebenen Spermien und geben sie im Zuge ihrer Eiablage portionsweise ab. Dabei ist noch nicht geklärt, ob bereits befruchtete Eier abgelegt werden, oder die Besamung erst unmittelbar während der Eiablage stattfindet.

Wesentlich interessanter aber war für die Aquarianer und die von ihnen auf dieses Phänomen hingewiesenen Wissenschaftler, wie das Sperma eigentlich in den Genitaltrakt der Weibchen kommt. Was vollzieht sich bei der Verpaarung?

Es hat recht lange gedauert, bis hierüber Klarheit gewonnen werden konnte. Um den Vorgang zu erklären, muß man sich erst einmal mit den Geschlechtsunterschieden von *Corynopoma riisei* befassen. Die Männchen sind schlanker und haben länger ausgezogene Rücken-, Schwanz- und Afterflossen. Die Weibchen wirken durch ihren stärkeren Bauchraum

Corynopoma riisei, Paar

Corynopoma riisei, Männchen

plumper. Nun beobachtete man zwei eigenartige fadenförmige Fortsätze an den Kiemendeckeln der Männchen, die in einem dunklen Körper von etwa Metallstecknadelkopfgröße enden, während der fadenartige Fortsatz fast völlig farblos ist. Zeitweilig fehlte das knopfartige Ende. Sollte das ein Spermapaket sein? Jedenfalls stritt man darüber und vermutete eine zeitlang, daß die Weibchen mit diesen Kiemendeckelanhängen begattet würden.

Tatsächlich spielen diese „Löffel" genannten Fortsätze auch bei der Paarung eine Rolle, doch nicht die damals vermutete. Bei der Balz, so beobachtete man ganz richtig, spreizt das Männchen auf der dem Weibchen zugewandten Seite den sonst eng angelegt getragenen Kiemendeckelfortsatz ab. So tanzt der dunkle Endkörper lockend vor dem Maul des Weibchens herum. Wenn das Weibchen danach schnappt, nimmt es in diesem Moment eine Position ein, die dem Männchen die Paarung ermöglicht. So war die alte Beobachtung, daß der knopfartige Endkörper manchmal fehlt, durchaus richtig, und er hatte auch etwas mit der Paarung zu tun. Dann war allerdings nur das Lockmittel abgebissen worden. Der Endknopf bildet sich

übrigens innerhalb von 10 Tagen erneut aus.

Eine Bestätigung dieses komplizierten Lockmechanismus brachte die Entdeckung, daß eine entfernt verwandte Art, der Flügelschuppensalmler, *Pterobrycon myrnae*, das gleiche Prinzip mit anderen Mitteln durchführt. Von diesen Fischen ist bekannt, daß die Männchen kurz hinter dem Kopf auf jeder Seite zwei abspreizbare Schuppen mit schwarzem Außenrand oder mit einem tropfenförmigen Fleck besitzen.

Balzende Männchen sehen so aus, als hätten sie über den Brustflossen noch ein weiteres Flossenpaar. Es konnte festgestellt werden, daß die schwarzen Schuppenflecken bei diesen Fischen die gleiche Lockfunktion wie der Endkörper des Drachenflosser-„Löffels" haben. Auch dort nehmen die Weibchen im Augenblick des Schnappens eine Körperhaltung ein, die dem Männchen die Paarung erlaubt.

Beiden Arten ist gemeinsam, daß die Afterflossenstrahlen des Männchens Hakenstrukturen besitzen, mit denen das Weibchen kurzzeitig festgehalten wird, wenn die Genitalöffnungen aneinandergepreßt werden, um das Sperma zu übergeben. Eine einmalige Begattung scheint für mehrere Laich-

Pterobrycon myrnae, Männchen

schübe auszureichen, vermutlich für die gesamte Lebenserwartung eines Weibchens unter natürlichen Bedingungen. Da die Lebenserwartung in Aquarien größer ist, konnten bislang nur sechs Laichabgaben experimentell ermittelt werden. Dann war eine erneute Verpaarung erforderlich.

Sowohl der einst weiter verbreitete Zwergdrachenflosser als auch der bisher nur wenigen Aquarianern bekannte Flügelschuppensalmler sind trotz dieser interessanten Fortpflanzungsweise in der Aquaristik wenig beachtet geblieben. Vielleicht sind die Fische zu wenig farbenprächtig. Auch eine gelbe Mutante des Zwergdrachenflossers erregte nicht mehr Interesse als die Wildform, die auf grauem Grund mehrere schwarze, gelbliche bis goldglänzende Schuppenstrukturen aufweist. Wegen der bei Fischen ungewöhnlichen Spermaspeicherung jedoch müßten solche Salmler auch aus wissenschaftlichem Interesse in Aquarien erhalten werden.

Literatur:
ZARSKE, A. u.K. GEISSLER (1993): Der Zwergdrachenflosser - immer noch ein Rätsel? DATZ/AT, S. 637-640

Rhoadsia altipinna, Weibchen

Regenbogensalmler

„… das Männchen besetzte ein Revier, begann zu buddeln und hob eine Grube von etwa 25 cm Durchmesser aus. Alle Beifische wurden geradezu wütend verjagt, auch die Weibchen. Erst als eines der Weibchen zügig auf das Männchen zuschwamm und mit schnellen Maulbewegungen eine Körperseite reizte, stellte sich das zuvor so aggressive Männchen in Imponierhaltung auf. Das Weibchen legte sich, an der Seite herabsinkend, neben das Männchen und ergriff eine der tiefblauen Bauchflossen mit dem Maul. Unter leichten Drehungen gaben die eng aneinandergepreßten Tiere nun in mehreren Sätzen die Eier in der Grube ab. Danach verschwand das Weibchen, kehrte aber noch ein paarmal zurück und vollzog mit dem Männchen weitere Laichakte. Schließlich trat ein weiteres Weibchen an seine Stelle und fügte seinen Laich hinzu. Durch die Wühlerei sowie durch die Drehungen und das Abbeißen von störenden Pflanzenteilen hatte sich am Rand der Laichgrube ein Wall gebildet, in dem bereits eine Woche später die Jungfische beim Absuchen der Pflanzen beobachtet werden konnten. Das Männchen stand in der Mitte der Grube und führte ab und zu Revierkontrollen durch, blieb auch zwischenzeitlich stehen und vollführte seltsam zuckende Schwimmbewegungen, um sich schließlich wieder über der Grube zu postieren."

Als solche Beobachtungen vom Ablaich- und Brutpflegeverhalten zum ersten Mal veröffentlicht wurden, hätte jeder Aquarianer die Schilderung einer Buntbarsch-Zucht weitaus eher erwartet als Verhaltensweisen eines bis dahin unbekannten Salmlers. Obgleich *Rhoadsia altipinna* wissenschaftlich bereits seit 1911 bekannt ist, wurde über diesen Fisch erst Mitte der 80er Jahre berichtet, als reisende Aquarianer versuchten, solche Tiere aus Equador mitzubringen. Das mißlang damals. Erst 1991 gelang es, einige Exemplare lebend nach Europa zu bringen. Durch glückliche Umstände kam ich in den Besitz von fünf halbwüchsigen Tieren, zwei Männchen und drei Weibchen. Schon im geräumigen Quarantänebecken (100 x 60 x 40 cm) konnte ich ein Vierteljahr später Balz und Paarung beobachten. Dabei wurden Blumentöpfe ausgeräumt und ein Wall aus Javamoos bot den Jungfischen Schutz und erste Aufwuchsnahrung. 1994 wurden die im Aquarium registrierten Verhaltensweisen durch die Mitteilung über eine Freilandbeobachtung bestätigt.
Leider werden die farbenprächtigen Fische recht groß. Männchen erreichen auch im Aquarium über 15 cm Länge, Weibchen bleiben etwa halb so groß. Die wehrhaften Tiere setzen ihr großes Aggressionspotential allerdings auch gegeneinander ein. Von zwei Männchen ist stets eines unterlegen und überlebt auch in Aquarien von 2 m

Länge nicht. Dagegen arrangierten sich in meinem 170 cm langen Aquarium sechs Männchen ohne Beschädigungen. Durch die Bepflanzung und die Wurzeldekoration, waren sechs Reviere vorgegeben, an deren Grenzen die Männchen in prächtiger Färbung und voll aufgespannten Flossen imponierten. Dazu braucht man aber auch etwa zehn Weibchen, die sich bei Laichbereitschaft einem Männchen ihrer Wahl zugesellen.

Die aquaristische Verbreitung dieses ansehnlichen und auch ethologisch interessanten Salmlers ist freilich durch den großen Raumanspruch begrenzt. Ich halte diese Fische von Anfang an mit Schwertträgern, Eierlegenden Zahnkarpfen und Harnischwelsen der Gattung *Ancistrus* gemeinsam. Von allen Arten kommen Jungfische durch, so daß sich die Bestände ergänzen. Lediglich von den Schwertträgern muß ich pro Jahr zwischen 50 und 100 Tiere entfernen.

Kaum war mit *Rhoadsia altipinna* ein Fisch mit dieser ungewöhnlichen Verhaltensserie bekanntgeworden, da kam ich wiederum durch glückliche Umstände in den Besitz einer weiteren bis dahin unbekannten großen Salmlerart,

Nematocharax venustus. Als ich die Jungfische erhielt, glaubte ich auf Grund der verlängerten Rücken-, After- und Bauchflossen weitaus eher einen Vertreter der afrikanischen Gattung *Bryconalestes* vor mir zu haben, der vermittelnde Freund schwor aber Stein und Bein, daß die Tiere aus Südamerika stammen. Wieder verging eine Reihe von Monaten, ehe die Tiere die Geschlechtsreife erreichten. Inzwischen hatten sich die Flossenenden der Männchen stark verlängert. Geblieben waren diese Verlängerungen allerdings nur bei dem Stärksten. Mit dem Heranwachsen wurden auch die neuen Fische unglaublich aggressiv zueinander, und die unterlegenen Männchen fristeten ein verstecktes Dasein, bis ich sie in andere Becken umsetzte. Dort wurden sie ihrerseits zur Plage für ihre Mitbewohner. Auch die Weibchen hetzten einander ständig herum und beschädigten sich gegenseitig die normal gestalteten Flossen. Es half nichts - ich mußte jedes der Tiere zunächst in ein anderes Aquarium überführen, um die Weibchen in aller Ruhe zum Ansetzen von Laich gelangen zu lassen.

Zum Jahreswechsel 1993/94 nahm ich mir die Zeit, ein Männchen und drei

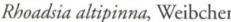

Rhoadsia altipinna, Weibchen

Nematocharax venustus, Männchen

Weibchen zusammenzusetzen und nach einer kräftigen Frischwassergabe auf das hoffentlich eintretende Laichgeschäft zu warten. Tatsächlich kam es am nächsten Morgen zu Schwimmbewegungen des Männchens, die man als Breitseitimponieren und Lockschwimmen deuten konnte. Zeigte sich aber ein Weibchen, so wurde dieses heftig attackiert. Schließlich setzte sich das Weibchen durch, schwamm auf eine Körperseite des Männchens zu und begann die gleichen schnappenden Maulbewegungen an dessen Körperseite auszuführen, die ich zuvor bei den Regenbogensalmlern beobachtet hatte. Auch das *Nematocharax*-Männchen verjagte daraufhin das Weibchen nicht, nahm Imponierhaltung mit gespreizten Flossen ein, die aneinandergedrückten Tiere drehten sich und ließen sich auf einem Pflanzenblatt nieder, wo sie den Laich anhefteten. Wieder führten die Fische mehrere Sätze aus, bei denen jeweils mit der Blattberührung der Laich abgesetzt wurde.

Zu diesem Zeitpunkt kannte ich nicht einmal den Namen des Fisches und

Rhoadsia altipinna, Paar

Rhoadsia altipinna, Jungfische

war auf die Unterstützung mit Literatur durch meine Freunde angewiesen. Es war mir deshalb ein Leichtes, angesichts der übereinstimmenden Verhaltensweisen, die andererseits bei keiner mir bekannten Salmlergattung in dieser Form ausgeführt werden, die neuen Fische als Rhoadsia-Verwandte einzustufen. Immerhin hatte ich vor Jahren auf Grund verschiedener Verhaltensbestandteile die Zuordnung von anderen Salmlern bestätigen bzw. als fraglich beurteilen können.

Erst mit der mir übersandten Literatur wurde mir der Name dieser vor wenigen Jahren entdeckten Fischart bekannt, und in der Beschreibung setzen sich die amerikanischen Autoren auch mit der Frage auseinander, zu welcher der bekannten Familien diese neue Art gehören konnte. Dabei wird die *Rhoadsia*-Verwandtschaft durchaus diskutiert, letztlich aber offengelassen. Den Wissenschaftlern lagen lediglich präparierte Exemplare vor, Beobachtungen an lebenden Tieren waren ihnen unbekannt.

Ich habe diese beiden Zuchtbeispiele und die damit zusammenhängenden Verhaltensbeobachtungen deswegen so ausführlich dargestellt, weil der Aquaristik in zunehmend anerkanntem Maße die Bedeutung zukommt, von wissenschaftlich untersuchten und anatomisch beschriebenen Fischen Aussagen zum Verhalten anhand lebender Tiere ergänzen zu können. Da gleichzeitig mit dieser Anerkennung der von Aquarianern gesammelten Beobachtungsergebnisse auch der Wert verhaltenskundlicher Untersuchungen für wissenschaftliche Fragestellungen der systematischen Zuordnung immer mehr Bedeutung erlangten, sind die Aquarianer in ihrer Gesamtheit die einzige Institution von Aussagekraft. Über Hundert Jahre aufgeschriebene Beobachtungen von unvoreingenommenen Protokollanten ergeben einen in dieser Form niemals durchführbaren Großversuch, den vor allen Dingen keine wissenschaftliche Institution hätte bezahlen können. Nicht nur das in der Vergangenheit niedergeschriebene Material, auch die im Laufe der Zeit immanent gewordenen Beobachtungs- und Zuchtmethoden haben zu einem Kenntnisschatz geführt, der auch weiterhin wissenschaftlich aufgearbeitet und fortgesetzt werden muß. Wie schon an anderer Stelle gesagt, weiß man über viele Fische nur das, was Aquarianer beobachtet und mitgeteilt haben.

Literatur:
GARBE, H. (1995): *Rhoadsia altipinna*. Zur Fortpflanzung des Cichlidensalmlers in: GREVEN, H. & R. RIEHL (1995): Fortpflanzungsbiologie der Aquarienfische. Symposiumband. B. Schmettkamp Verlag, Bornheim, S. 177-179
STALLKNECHT, H. (1993): *Rhoadsia altipinna*. Nachzucht im Aquarium gelungen. DATZ, S. 417-421

Badis badis badis,
kämpfende Männchen

Eigentlich ist es kein Wunder, daß man Blaubarsche, *Badis badis*, so selten in den Aquarien sieht. Sie sind nämlich Höhlenbewohner oder auf alle Fälle Fische, die sich stets an der dunkelsten Stelle des Aquariums aufhalten. Wenn es an Höhlen fehlt, können sie stundenlang in Bodennähe unter einem breitflächigen Blatt oder in einem der hinteren Winkel ruhig stehen, so daß man selbst die prächtig gefärbten Männchen in einem Gesellschaftsaquarium nur während der Futterzeiten sieht. Die Jungfische werden in den Fachgeschäften gewöhnlich in gut ausgeleuchteten und mit wenig Versteckmöglichkeiten ausgestatteten Aquarien angeboten. So bleiben sie bis auf ein paar senkrechte Querstreifen blaßbraun und verlocken höchstens durch ihre ungewöhnliche Gestalt zum Kauf.

Dabei sind Blaubarsche eigentlich bewährte Aquarienfische. Sie mögen einen ruhigen Platz, und ihnen geht die hektische Betriebsamkeit von Barbenschwärmen ein bißchen „auf die Nerven". Überläßt man mehreren Blaubarschpaaren, besser noch zwei oder drei Männchen und mindestens fünf Weibchen, ein Aquarium von etwa 80 cm Länge, so zeigen selbst diese ruhigen Tiere beim Kampf der Männchen und beim Vorbereiten des Laichaktes äußerst lebhafte Verhaltensweisen. Zur Entspannung der allein gehalten auch scheuen Fische können an der Oberfläche ein paar Halbschnäbler oder ein kleiner Trupp von Regenbogenfischen herumschwimmen. In einem so besetzten Aquarium hat man Gelegenheit, sich an den satten blauschwarzen Farben der ihr Territoritum behauptenden Männchen zu erfreuen. Zentrum dieses Reviers ist eine Höhle, in die sich das jeweilige Männchen bei Beunruhigung sofort zurückzuziehen bereit ist. Sobald aber das Tier mit seiner Umgebung vertraut wurde, hält es unmittelbar vor dem Höhleneingang ständig nach laichbereiten Weibchen Ausschau und präsentiert sich in prächtigen Farben.

Die laichvollen Weibchen müssen nun zum Männchen kommen. Das ist nicht einfach. Zunächst nämlich, und deshalb empfahl ich mehrere Weibchen, ziehen sich früher oder später alle vorhandenen in der weiteren Umgebung der Höhle zusammen und versuchen, anfangs langsam anschwimmend, dann immer schneller, in die Höhle einzudringen. Ist aber ein solches Weibchen an der Höhle, bekämpft sofort ein anderes das auf die Höhle zuschwimmende Tier. Bei der Rivalität dieser beiden Weibchen setzt sich meist das reifste Weibchen durch, doch ist damit der Weg in die Höhle noch nicht frei. Jetzt setzt das Männchen diesem Weibchen hartnäckigen Widerstand entgegen. Es können Tage vergehen, bis es einem Weibchen gelingt, das Innere der Höhle zu erreichen. Damit wird zweimal durch harte Auslese dafür gesorgt, daß nur hoch stimulierte und zur sofortigen Laichabgabe bereite Weibchen in die Höhle gelangen. Es kann dabei durchaus ein paar Flossenrisse geben. Zu ernsthaften Verletzungen kommt es jedoch nur dann, wenn die Aquarien zu klein sind und den Weibchen nicht genügend Versteckmöglichkeiten geboten werden.

Was geschieht nun in der Höhle? Der beobachtende Aquarianer sieht nichts. Findige Fotografen haben einen Blumentopf oder ein gut zugeschnittenes Viertel einer Kokosnußschale an einer der Beobachtungsscheiben so angebracht, daß man das Höhleninnere einsehen konnte. Wenn ein gewisses Halbdunkel gewahrt blieb, nahmen die Männchen diese präparierten Verstecke auch an. Ich habe vor der Beobachtung zunächst schwarzes Papier über die Scheibe geklebt, das ich erst entfernte, wenn ein Weibchen in die Höhle eingeschwommen war. Dann störte eigenartigerweise einfallendes schwaches Licht oder das kurz aufzuckende Blitzlicht des Fotografen die laichenden Tiere nicht mehr.

Erstaunliches gab es da zu sehen: Das am Boden halbkreisförmig gekrümmt liegende Männchen umschlang das zur Körpermitte hin drängende Weibchen, legte sich hufeisenförmig eng um das laichvolle Tier und bildete mit ihm eine fast vollendete Kugel. Beim Lösen der Umklammerung trat der Laich aus, der durch ruckartige Bewegungen der Fische in der Höhle umherwirbelte und an den Innenseiten festklebte. Diese Art der Verpaarung erinnert stark an die der Labyrinthfische. Blaubarsche galten lange Jahre als zu den Nanderbarschen gehörig. Im Rahmen

Badis badis badis, Paarung

Badis badis badis, Paar

von Untersuchungen zum Skelettbau und zum Verhalten sahen sich die bearbeitenden Ichthyologen veranlaßt, die Blaubarsche nach anatomischen Besonderheiten und dem Paarungsverhalten gemäß nunmehr aus den Nanderbarschen auszugliedern und als Überlebende einer Vorstufe der heutigen Labyrinthfische anzusehen. Ohne die diesen Schritt vorbereitenden Beobachtungen der Aquarianer hätte es keinen Wissenschaftler gestört, wenn Blaubarsche weiterhin zu den Nanderbarschen gezählt worden wären.

Doch zurück zu unserem Paar in der Höhle. Zwischen den einzelnen Paarungen muß das Weibchen die Höhle nicht verlassen. Es drängt nach kurzen Pausen das Männchen zu weiteren Umschlingungen, so daß der gesamte Laichvorrat oft bereits nach einer halben Stunde abgelegt sein kann. Dann aber muß das Weibchen schleunigst verschwinden, weil das Männchen jetzt sehr ruppig werden kann. Aber nur bei einem Ansatz in kleinen Aquarien ist es besser, das Weibchen herauszufangen. Wenn es noch weitere laichbereite Weibchen gibt, können durchaus mehrere den „Durchbruch" in die Höhle schaffen und dem ersten Gelege weitere hinzufügen. Allerdings müssen dann auch sie verschwinden und sich verstecken, wenn von ihnen keine Paarungsaufforderung mehr an das Männchen ergeht.

Je nach Wassertemperatur schlüpfen die recht kleinen Jungfische zwischen dem dritten und dem fünften Tag nach der Eiablage. Sie hängen dann als schwarze Striche im Inneren der Höhle und werden vom Vater nicht behelligt. Ebenso schnell, wie der gesamte Laichakt vor sich geht, sind plötzlich auch alle Jungfische verschwunden. Man könnte denken, der Pflegetrieb des Männchens sei nun erloschen, und es habe sich die Jungen einverleibt. Zur größten Überraschung vieler Aquarianer, die so dachten, erschienen aber etwa drei Wochen später irgendwo im Aquarium, und nur für kurze Zeit sichtbar, einzelne Jungfische. Schnell waren sie wieder zwischen groben Steinen des Bodengrundes oder im Pflanzengewirr verschwunden. Sie sind dann meist schon recht groß, immerhin mehr als einen halben Zentimeter lang geworden. Es ist immer wieder rätselhaft, wovon sie sich bis dahin ernährt haben. Meist füttert man ja die erwachsenen Fische mit recht grobem Futter, das erheblich größer ist als die Jungfische unmittelbar nach dem Schlupf. Doch findet man die überlebenden Jungtiere stets mit gut gerundeten Bäuchen. Daß es manchmal nur recht wenige sind, liegt höchstens daran, daß die Mikroorganismen des Bodengrundes nicht für alle gereicht haben und kümmernde Nachzügler das Opfer ihrer schneller wachsenden Geschwister geworden

Badis badis burmanicus, Paar

sind. Noch nie aber habe ich erlebt, daß die Elterntiere den Jungfischen nachstellten.

Will man Blaubarsche in größerer Anzahl vermehren, muß man etwa eine Woche nach dem Ablaichen „blind" Staubfutter, das heißt, feinst ausgesiebte Nauplien von Kleinkrebsen oder Rädertierchen in das Aquarium geben, selbst dann, wenn man keinen einzigen Jungfisch sieht. Grobe Kiesel als Bodengrund erleichtern den kleinen Blaubarschen das Fortkommen. Die Jungfische sitzen dann in den Vertiefungen, die sich aus der Gruppierung der Kiesel ergeben. Sie nehmen eine schräg aufwärts gerichtete Haltung ein und schnappen nach allem, was flutend über sie hinwegstreicht. Durch Versuche konnte festgestellt werden, daß die in solchen Nischen sitzenden Jungfische besser gedeihen als über freiem Bodengrund herumirrende. Während die „Seßhaften" im Lauf des Tages wesentlich weniger Energie verbrauchen, müssen die Revierlosen viele zusätzliche Bewegungen ausführen. Damit sind junge Blaubarsche die einzigen mir bekannten Jungfische, die unmittelbar nach dem Schlupf bereits als Individualisten leben. Typisch ist

normalerweise, daß sich Jungfische aller Arten während des Heranwachsens zu Schwärmen vereinigen, die erst aufgelöst werden, wenn die Geschlechtsreife einsetzt und Territorien beansprucht werden.

Leider hält das zügige Wachstum der ersten drei Wochen nicht an. Es kann über ein halbes Jahr vergehen, ehe man Männchen und Weibchen sicher unterscheiden kann. Alle Vorwüchser werden Männchen, deren Bauchlinie ist deutlich hohl und ihre Querbänderung kräftiger ausgeprägt. Bald beginnt sich auch ihre Rückenflosse flächig zu vergrößern. Oft haben noch sehr junge Weibchen bereits beträchtlichen Laichansatz und versuchen bei Anwesenheit ausgewachsener Männchen, in deren Höhlen zu kommen. Wie sich zeigte, sind diese gerade einmal 2 cm langen Weibchen bereits fortpflanzungsfähig. Sie wachsen später noch auf die übliche Länge von 5 bis 6 cm heran und sind keineswegs im negativen Sinne frühreif.

In einem Aquarium für sich gepflegt, würden Blaubarsche bei keinem Aquarianer aussterben, weil immer ein paar Jungfische durchkommen und den Bestand erhalten. Werden aber Blaubarsche in einem Gesellschaftsbecken neben vielen anderen Beifischen gehalten, so werden die Jungfische verzehrt und durch die versteckte Lebensweise wird oft viel zu spät bemerkt, daß auch die großen Tiere verschwunden sind. Da die Art nicht zu den „Rennern" des Fachhandels gehört, kann es durchaus passieren, daß man mehrere Monate suchen muß, ehe wieder einige Paare beschafft werden können. Einige Male schien es schon so, als ob es keine Blaubarsche mehr gäbe, doch hatten irgendwo ein paar Liebhaber noch immer welche. Hoffentlich auch weiterhin!

Aus dem Inlé-See in Burma wurde eine Form bekannt, die als Unterart *Badis badis burmanicus* beschrieben wurde. Mit dem deutschen Namen tut man sich ein bißchen schwer, denn zum Unterschied der länger bekannten blauen *Badis* besitzen diese Fische rotbraune Punktreihen. Nun kann man schlecht von roten Blaubarschen sprechen, infolge dessen wichen die Aquarianer umgangssprachlich auf „Rote Badis" aus.

Es ist nun Geschmacksache, ob man die blauen oder die roten Badis schöner findet. Auf alle Fälle sind die Roten seltener. Woran das liegt, mag dahingestellt bleiben, denn sie sind in Haltung und Zucht nicht schwieriger zu handhaben als die blauben. Sie leben auch ebenso versteckt und vergreifen sich an ihrer Brut nicht. Wie das Titelbild zeigt, sind sie auf ihre Weise ebenfalls attraktiv. Da es noch weniger Züchter dieser seltenen Tiere gibt, lohnt sich deren Erhalt für Interessenten an Seltenheiten.

Literatur:
STALLKNECHT, H. (1973): Aufzuchtprobleme bei Blaubarschen. AT, S. 330-332
SUTTER, R. (1988): Der Tiger aus Burma, *Badis badis burmanicus* AHL, 1936. DATZ, S. 524-525

Badis badis burmanicus, Männchen

Halbschnäbler

Jedem Anfänger wird empfohlen, beim Erstbesatz seines Aquariums Fische für die drei wichtigsten Bereiche auszuwählen: solche, die die Bodenzone beleben, andere, die im Mittelwasser schwimmen und schließlich Oberflächenfische. Schauen wir uns jedoch die meisten der angebotenen Aquarienfische an, so stellen wir fest, daß es für die beiden erstgenannten Bereiche ein breites Sortiment von Arten gibt, reine Oberflächenfische sind dagegen rar. Außer einigen Eierlegenden Zahnkarpfen und Beilbauchsalmlern besitzen wir in der Halbschnäbler genannten Fischfamilie weitere aquaristisch gut geeignete Oberflächenfische.

Die schlanken und meist silbern glänzenden *Dermogenys pusillus* bevölkern in Südostasien die Oberflächen der dortigen Gewässer teilweise in großen Schwärmen. Die populär gewordenen Arten sind lebendgebärend. Das läßt auf ihre leichte Vermehrbarkeit schließen, wenn man sie mit den Lebendgebärenden Zahnkarpfen Mittelamerikas vergleicht. Doch eigenartigerweise bereitet die Zucht nahezu aller Halbschnäbler gelegentlich unerwartet große Schwierigkeiten. Es gibt da immer wieder eine rätselhafte Erscheinung: Die recht groß geborenen Jungfische tragen noch unverhältnismäßig große Dottersäcke und erreichen nicht die Schwimmfähigkeit. Dabei fand die Geburt aber stets zum richtigen Zeitpunkt statt, wie sorgfältig darüber Buch führende Züchter ermittelten. Große Dottersäcke sind bei Lebendgebärenden Zahnkarpfen typisch für vorzeitig ausgelöste Geburten.

Über diese Problematik stritt man lange Jahre in der aquaristischen Literatur. In der durchaus richtigen Annahme, daß die unvollkommene Ausreifung der Jungfische ihre Ursache in mangelhafter Nährstoffversorgung der Weibchen haben müsse, wurden verschiedene Wege begangen, die Zuchtfische zusätzlich zu füttern. Am natürlichsten schien es, den Oberflächenfischen die Nahrung anzubieten, die ihnen auch unter heimatlichen Bedingungen vorwiegend zur Verfügung stehen dürfte Insekten oder deren Larven. Wenn Mückenlarven oder gezüchtete Fruchtfliegen gereicht wurden, stieg tatsächlich die Anzahl lebensfähig geborener Jungfische. Andere Züchter meinten, der verlängerte Unterkiefer eigne sich besonders gut zum Erfassen von Labyrinthfisch-Brut, die in den ersten Tagen nach dem Verlassen des Schaumnestes unmittelbar unter der Oberfläche schwimmt. Sie züchteten in großen Mengen junge Fadenfische und verfütterten die Brut an die Halbschnäbler. Auch nach dieser Methode verbesserten sich die Anteile lebensfähiger Jungfische pro Wurf nennenswert.

Schließlich waren andere Aquarianer der Auffassung, die geschilderte Erscheinung lasse sich nur durch Vitaminmangel erklären. Zum Beweis gaben sie zum Futter Vitamin D in öliger

Dermogenys pusillus, Männchen

Dermogenys pusillus, Weibchen

Lösung, und auch bei ihnen verbesserten sich die Zuchtergebnisse deutlich. Dazu wälzten sie Enchyträen in einem vitaminhaltigen Öltropfen so lange, bis sie der Annahme waren, daß genügend Öl an ihnen hafte, und gaben den Fischen diese präparierten Würmer. Durch eine Versuchsreihe wurde jedoch festgestellt, daß jedes öllösliche Vitamin zum gleichen Ergebnis führte, ob es sich nun um Vitamin A, Vitamin D oder Vitamin E handelte. Dann konnte es doch eigentlich nur am öligen Lösungsmittel liegen. Und tatsächlich: Nur in pflanzlichen Ölen oder Fetten gewälzte Futtertiere, aber auch ölgetränktes Flockenfutter führten innerhalb kürzester Zeit, von einem Fehlwurf zum nächsten gelungenen Wurf, zur 100%igen Lebensfähigkeit der geborenen Jungfische.

Offensichtlich fehlten den Fischen die besonders in pflanzlichen Fetten vorhandenen Fettsäuren zum Aufbau der Dottersubstanz in den Eiern. Ähnliche Beobachtungen machten die Aquarianer bei mit den Halbschnäblern auch nicht entfernt verwandten Vertretern der mittelamerikanischen Gattung *Gambusia*, Lebendgebärenden Zahnkarpfen. Auch deren mitunter auftretende Wurfschwierigkeiten konnten gelöst werden, wenn man dem Futter pflanzliche Öle zufügte.

Wir sprachen davon, daß Halbschnäbler lebende Junge zur Welt bringen, mit Lebendgebärenden Zahnkarpfen aber nicht verwandt sind. Deshalb noch ein Wort zu Lebendgeburten bei Fischen. Sie sind nicht vergleichbar mit der vertrauten Lebendgeburt, wie sie für Säugetiere typisch ist. Während Säugetiere ihre Jungen im Verlauf der Embryonalentwicklung über den Blutkreislauf der Mutter und mit Hilfe eines komplizierten Kontaktorgans, der Placenta, ernähren und aufbauen, schlüpft bei den meisten lebendgebärenden Fischen ein reifer Fisch aus einem Ei, dessen Hülle während des Geburtsvorganges reißt. Der mütterliche Organismus sorgt lediglich bei der Eibildung für die entsprechende Dottersubstanz. Diesem Nährstoffvorrat wird während der Embryonalentwicklung der Jungfische keine weitere Substanz hinzugefügt. Nur einzelne, gerade deshalb besonders interessante Arten besitzen ein annähernd mit der Methode der Säugetiere vergleichbares Versorgungssystem, das die Jungfische im Mutterleib über den mütterlichen Kreislauf mit Nährstoffen versieht (siehe auch das Kapitel Hochlandkärpflinge, S. 109).

Die Aufzucht der jungen Halbschnäbler, sofern sie ohne die großen Dottersäcke geboren wurden und nach weni-

Nomorhamphus celebensis, Männchen

gen Stunden schwimmfähig sind, ist äußerst einfach. Sie nehmen auf die Oberfläche gestreutes, fein zerriebenes Flockenfutter und wachsen recht schnell. Da sie auch schwimmgewandt sind, droht ihnen nur in den ersten Stunden ihres Lebens Gefahr seitens größerer Halbschnäbler oder anderer Fische. Ihre Schwimmblase füllt sich innerhalb der ersten zwei Lebensstunden mit Gas, und vorher sind sie zu einer hüpfenden Schwimmweise gezwungen, ähnlich wie man das auch von neugeborenen Lebendgebärenden Zahnkarpfen kennt. Durch diese hüpfende Fortbewegung machen die Jungfische auf sich aufmerksam und lösen das Beutefangverhalten der anwesenden größeren Fische aus. Sobald sie aber ruhig im Wasser oder unter der Oberfläche stehen können, bleiben sie ungefährdet.

Auch Halbschnäbler verfügen über eine Vorratsbesamung. Nach einer Verpaarung können die Weibchen mehrere Würfe ohne erneute Begattung absetzen. Während jedoch bei den meisten Lebendgebärenden Zahnkarpfen fast ein Jahr hindurch Würfe erfolgen können, reicht die Vorratsbesamung bei Halbschnäblern nach meinen Beobachtungen nur für höchstens drei Würfe. Man muß in diesem Mechanismus eine Regelung sehen, die diesen Flachwasserbewohnern beim Eintrocknen der Überschwemmungsgewässer den Aufbau einer weiteren Nachfolgegeneration ermöglicht, ohne daß in jedem Falle Männchen überlebt haben müssen.

Die aquaristisch bekannteste Art dieser Gruppe ist *Dermogenys pusillus*, ein bis zu 8 cm groß werdendes Fischchen mit großer Verbreitung und entsprechend vielen Lokalformen. Es ist nicht sicher, ob alle für andersfarbige Vertreter verwendeten Artnamen tatsächlich auch selbständige Arten betreffen. Nicht ganz so konsequente Oberflächenfische sind die Arten der Gattung *Nomorhamphus*, von denen besonders mehrere Unterarten von *Nomorhamphus liemi* gelegentlich im Handel angeboten werden. Die Männchen tragen den verlängerten Unterkiefer hakenförmig zurückgekrümmt, was zur deutschen Bezeichnung Haken-Halbschnäbler geführt hat. Man muß das erwähnen, weil die mitunter recht scheuen Halbschnäbler in engen Aquarien erschreckt gegen die Scheiben schwimmen und sich den verlängerten Unterkiefer auch verletzen können. Haken-Halbschnäbler sind aber keine verletzten Fische, das Zurücklegen ist bei diesen Arten normal. Natürlich können auch bei solchen Fischen Verletzungen durch Anschwimmen gegen die Scheiben oder durch Steckenbleiben in grobmaschigen Netzen vorkommen.

Als heikel haben sich die farblich ansprechenden und durch ihren Flossenbau attraktiven *Hemirhamphodon pogonognathus* erwiesen. Obgleich sie gar nicht so selten in geringer Stückzahl eingeführt werden, scheint ihre Zucht mehr Schwierigkeiten mit sich zu bringen, als für Halbschnäbler erwartet werden kann. Offensichtlich kommen schon stark geschwächte Fische in Europa an, jedenfalls wirken die im Handel angebotenen Exemplare weitaus weniger robust als *Dermogenys*- oder *Nomorhamphus*-Importe.

Literatur:

Bech, R. (1964): Pflege und Zucht des lebendgebärenden Halbschnabelhechtes, *Dermogenys pusillus* van Hasselt, 1823. AT, S. 39-41

- (1968): Keine Nachzucht bei Vitaminmangel? DATZ, S. 451-453

Nomorhamphus liemi, oben Paar, unten Männchen

Glasbarsche

Chanda ranga, Männchen

Von den vielen Arten gläsern durchsichtiger und nur bei auffallendem Licht farbig erscheinender Fische, die einstmals die Aquarianer begeisterten, sind heute nur wenige übrig geblieben. Das hängt mit den veränderten Beleuchtungsverhältnissen zusammen, wie wir bereits eingangs erwähnt haben. Daß aber auch der Glasbarsch, *Chanda ranga*, zu verschwinden droht, hat andere Gründe: Sind schon die ausgewachsenen Tiere ohne lebendes Futter nicht zu erhalten, so stellt die Aufzucht der Jungfische ein für viele Liebhaber schwer zu überwindendes Problem dar.

Dabei sind Glasbarsche eigentlich sehr produktiv, laichen während einer Fortpflanzungsperiode fast täglich, und ein Weibchen kann im Laufe eines Vierteljahres etwa 10.000 Eier hervorbringen. Die während der Laichzeit glasig rot schimmernden Männchen, besonders verziert durch leuchtend hellblaue Säume der Rücken- und Afterflosse, besetzen Reviere in Oberflächennähe, deren Zentrum meist ein Wurzelgestrüpp von Schwimmpflanzen ist. Ständig schießen sie auf das Männchen des Nachbarrevieres zu, um es zu vertreiben, umgaukeln aber sofort spielerisch ein paarungsbereit aus dem Mittelwasser aufsteigendes Weibchen und schwimmen mit lockenden Flossenbewegungen auf den Wurzelbusch zu. Nach kurzem Verharren des Weibchens schwimmt das Männchen von hinten seitlich an, pickt auch vorher auf dem

Kopf und dem Kiemendeckel des Weibchens herum, und nach einem blitzschnell ausgeführten, gemeinsamem Schwimmstoß, bei dem sich die Tiere im Wasser überschlagen, wirbeln die winzigen glashellen Eierchen nach allen Seiten. Sie bleiben im Gewirr der Schwimmpflanzenwurzeln hängen. Bei guter Fütterung stellen die Elterntiere dem Laich nicht nach, aber es ist äußerst selten, daß selbst in dicht bepflanzten Aquarien ohne Zusatzfutter zufällig auch nur ein Jungfisch aufwächst.

Junge Glasbarsche sind Futterspezialisten, die nicht jedes kleines Nährtier - und nicht unter allen Umständen - zu erbeuten trachten. Sie stehen leicht schräg kopfunter gegen die Strömung und verfolgen niemals ein Beutetier. Sie reißen nur das eigentlich gar nicht so kleine Maul auf, wenn ein Futtertier in ihre Nähe kommt. Ich habe mir bei jeder Aufzucht junge Glasbarsche sehr lange durch eine Lupe angesehen und

war bestürzt, wie viele Futtertiere den hungrigen Mäulern entkamen. Viele meiner jungen Glasbarsche aus den ersten Zuchten verendeten, ohne daß ich eine Erklärung dafür fand. Zwar hatte ich schon mehrfach gehört und gelesen, daß nur den Larvenstadien (Nauplien), einer bestimmten Kleinkrebsgattung, nennenswerte Erfolge bei der Aufzucht zu erzielen wären. Aber erst, nachdem mir zufällig *Diaptomus*-Nauplien ins Futternetz gegangen waren, konnte ich beobachten, wie deren Bewegungsweise und die Eigenart der jungen Glasbarsche, ständig nur am Ort zu schnappen, zueinander passen. Jene Nauplien bewegen sich hüpfend im Wasser fort. Sie springen mehrere Millimeter bis fast zu einem Zentimeter senkrecht nach oben und damit den jungen Glasbarschen förmlich ins Maul. Nur mit solchem Futter hat man eine Chance, die sehr kleinen Jungfische über die kritischen ersten drei Tage zu bekommen. Erst in der

Chanda ranga, Weibchen

Chanda commersoni, Weibchen

zweiten Woche beginnen sie, regelmäßig hinter Futtertieren herzuschwimmen, und von da an ist die Aufzucht problemlos.

Dennoch kann man eine begrenzte Anzahl auch ohne *Diaptomus*-Nauplien aufziehen. Bei meinen Versuchen erzeugte ich in einem recht kleinen Aufzuchtbehälter mit Glasrohren oder schräg angebrachten Glasscheiben und einem davor angebrachten Ausströmer eine vertikale Wasserströmung, mit der Räder- tierchen und *Cyclops*-Nauplien ständig den der Strömung entgegenstehenden jungen Glasbarschen förmlich in die Mäuler getrieben wurden. Bei meinen Beobachtungen mit der Lupe sah ich zwar weiterhin viele Fehlversuche, aber auch oft gelungenes Zuschnappen. Ich schätze, daß so etwa die Hälfte, mindestens aber ein Drittel der geschlüpften Jungfische so weit heranwuchs, daß sie selbst auf Futterjagd gingen.

Wenn auf diese Weise die erste Woche überbrückt ist, können die Überlebenden in Aquarien ohne Strömung aufgezogen werden.

Ob es jedoch ausreicht, wenn sich einige an diesen Fischen interessierte Liebhaber mit Glasbarschen beschäftigen? Die wenigen Glasbarsche des Handelsangebotes sind Importtiere. Sie sehen oft bereits im Händlerbecken strapaziert aus, weil Lebendfuttergaben im Handel nicht mehr üblich sind. Auf Glasbarsche spezialisierte Zuchtbetriebe oder Einzelzüchter gibt es nur noch in Polen, Tschechien und Rußland. So entspricht der einst beliebte Glasbarsch aus mehreren Gründen nicht mehr den Bedingungen, unter denen Aquaristik gegenwärtig betrieben wird. Glasbarsche sind nicht mehr Mode.

Literatur:

BOETTGER, C. (1992): Gläserne Schönheit. *Chanda ranga* - ein Problem? DATZ, S. 630-633

STALLKNECHT, H. (1990): Glasbarsche - zum Verschwinden verurteilt? AT, S. 196-198

Die wenigsten Aquarianer haben die lateinische oder die griechische Sprache erlernt, und so waren sie immer bemüht, den von ihnen gepflegten Fischen beschreibende Trivialnamen zu verleihen. Sie sind für alle verständlicher als die wissenschaftlichen Bezeichnungen. In einem Fall ist das besonders treffend gelungen: Der aus Mittelamerika stammende räuberische Zahnkarpfen *Belonesox belizanus* sieht tatsächlich - mit Längen der Weibchen von fast 20 cm für das übliche Aquarienfischmaß schon recht groß - wie eine verkleinerte Ausgabe unseres einheimischen Hechtes aus. Damit bestätigt sich eine allgemein gültige biologische Regel, daß Besonderheiten des Körperbaus immer in Beziehung zur Lebensweise der betreffenden Art stehen. So beruhen die äußerlichen Ähnlichkeiten von Schwalben und Mauerseglern keinesfalls auf naher Verwandtschaft, sondern drücken eine ähnliche Lebensweise aus. So gibt es auch Fische anderer Fischfamilien, die auf Grund ihrer räuberischen Lebensweise mehr oder weniger stark zur Hechtform tendieren.

Alle diese Hechte sind sogenannte Stoßräuber. Sie jagen ihre Beute nicht, sondern fixieren sie lauernd über längere Zeit, bis das Beutetier optisch so gut erfaßt ist, daß es mit einem schnellen Schwimmstoß erhascht werden kann. Zum Körperbau solcher Hechtformen gehören nicht nur ein schlanker Körper und ein verhältnismäßig großer Kopf mit tief gespaltenem und mit Fangzähnen versehenem Maul. Der schnelle Stoß muß auch gut ausgesteuert sein. Die dazu erforderliche Steuerfläche ist neben der Schwanzflosse von den weit nach hinten verlagerten Rücken- und Afterflossen gebildet. Dabei wird die im schnellen Antrieb erzielte Schwimmrichtung stabil gehalten.

Beim Hechtkärpfling, der zu den Lebendgebärenden Zahnkarpfen gehört, hat die Afterflosse in Form des Gonopodiums Kopulationsaufgaben. Damit behält sie ihre zentrale Position, und die weit nach hinten verlagerte Rückenflosse vergrößert die erforderliche Steuerfläche allein.

Die Aquarianer waren von diesen Raubfischen schon immer fasziniert. Dennoch fand man sie relativ selten in Aquarien, weil kein Liebhaber den Futteraufwand über längere Zeit durchhielt. Wenn auch Guppys, Schwertträger und andere aus der weiteren Verwandtschaft dieses Räubers stammende Aquarienfische recht produktiv vermehrt werden können, reicht es kaum,

Belonesox belizanus, Paar

um auch nur eines oder zwei Hechtkärpflingspaare ausreichend zu ernähren. Sobald sich aber gut gefütterte Hechtkärpflinge fortzupflanzen beginnen und ihre zahlreiche Nachkommenschaft ebenfalls nach Futterfischen verlangt, zehrt sie jede auch noch so gut laufende Futterfischzucht von der Basis her auf. Ein Ende der ausreichenden Versorgung ist von diesem Zeitpunkt an abzusehen. Eine Weile betteln solche Züchter noch um den „Zuchtformenausschuß" bei befreundeten Aquarianern, eines Tages aber müssen die Jungfische doch weitergegeben werden. Die meist überlebenden Weibchen fristen noch eine Weile ihr Dasein als Beifisch in einem Buntbarschbecken. Dort entsteht kein Schaden, weil hochrückige Fische nicht im Stück herabgewürgt werden können.

So sind Hechtkärpflinge in unseren Aquarien auf die Dauer nicht zu halten! Aber auch andere Grenzen haben die Liebhaber kennengelernt, die sich mehrere Jahre hindurch mit diesen Fischen befaßten. Bei weiser Beschränkung auf stets nur ein Zuchtweibchen kam es zur Häufung von Totgeburten, wenn über längere Zeit immer wieder nur Fische aus Aquariennachzuchten verfüttert wurden. Hier scheint es ein ähnliches Problem zu geben, wie bei den Halbschnäblern und den *Gambusia*-Arten (siehe S. 72). Abgesehen davon, daß der Hechtkärpfling die größte

und zum räuberischen Extrem entwickelte *Gambusia*-Art ist, wäre es schwierig, verwerfenden Weibchen die erforderlichen pflanzlichen Fette anzubieten, weil keinerlei Ersatzfutter angenommen wird. Als einige Aquarianer in den Sommermonaten offenbar bei Futtermangel auf Jungfische aus einheimischen Gewässern zurückgriffen und sie zumindest zeitweilig an Hechtkärpflinge verfütterten, waren zu ihrer Überraschung alle Nachzuchtschwierigkeiten ziemlich schnell behoben. Der zunehmende Schutz einheimischer Fische müßte solche Fänge auf Arten beschränken, die sich in unseren Gewässern unproportional vermehren (Plötze, Blei). Es dürfen keinesfalls wahllos gefährdete einheimische Arten durch das Abfangen ihrer Jungfische dezimiert werden.

Hechtkärpflinge sind grundsätzlich schwer zu beschaffen. Neigung und Zufall entschieden darüber, ob und wo ein Züchter diese Fische hielt. Bereits in den 60er Jahren befürchtete man, daß dieser Fisch in seiner Heimat bei der Bekämpfung von *Anopheles*-Mücken aus den natürlichen Gewässern verschwunden sei. Wie bei allen Arten mit kleinen Verbreitungsgebieten besteht die Gefahr des Aussterbens um so eher, je drastischer Eingriffe in ein natürlich gewachsenes Gefüge erfolgen. Wie es scheint, haben aber genügend Individuen die damalige Insektenbekämpfungsaktion überstanden, so daß ab und zu Hechtkärpflinge in kleinen Stückzahlen nach Europa gelangen. Wer aber diese Tiere pflegen will, sollte gründlich überlegen, ob seine Art, Aquaristik zu betreiben garantiert, daß er die Fische ihren Ansprüchen gemäß halten und ernähren kann. Die meisten Aquarianer dürften mit solchen Ansprüchen überfordert sein.

Literatur:
POSSECKERT, B. (1984): Meine lebendgebärenden Räuber. AT, S. 344-345
STALLKNECHT, H. (1973): Der größte Vertreter der Gattung *Gambusia*: *Belonesox belizanus*. AT, S. 302-307

Belonesox belizanus,
Männchen mit Beutefisch

Enneacanthus chaetodon, Paar, Weibchen links

Als Aquarianer, der sich im Verlauf seines Lebens mit vielen Fischarten befaßt hat und jeder mit ihren Eigenheiten einen besonderen Stellenwert zuerkennen möchte, fällt es mir besonders schwer, den nordamerikanischen Sonnenbarschen das wahrscheinlich sichere Ende in Aquarien vorauszusagen. Sie waren die idealen Beckenbewohner lange zurückliegender Jahrzehnte, weil sie keine Heizung benötigten und damals noch massenhaft Lebendfutter in Kleingewässern an den Rändern der noch nicht so großen Städte vorkam. Heute ist die Beschaffung lebenden Futters zum begrenzenden Faktor geworden. Auch wenn wieder ein verstärktes Interesse für diese selten gewordenen Arten besteht, weil sich viele Gartenbesitzer einen Freilandteich anlegen, in den diese Fische ausgezeichnet passen. Zur Beschaffung des notwendigen Kleinfutters, nicht nur für die Nachzucht, muß man oft weite Wege zurücklegen. Da man die Sonnenbarsche von oben kaum sieht, werden oft als Zugeständnis Goldfisch- oder Koi-Zuchtformen hinzugesetzt. Dadurch hält sich die Nachzucht, falls sie überhaupt zustande kommt, auch nur in recht engen Grenzen.

Im Winter besteht die Problematik einer geeigneten Überwinterung. Unsere heutigen Wohnbedingungen kommen der Haltung von Sonnenbarschen nicht gerade entgegen. So ist es keinem Aquarianer übelzunehmen, wenn er sich diesen Fischen nicht mehr zuwendet. Eine sinnvolle Überwinterung setzt Temperaturen zwischen 6 und 10 °C voraus, und solche kühlen Keller werden immer seltener. Deshalb können nur Aquarianer, deren Wohnverhältnisse ohne großen Aufwand diesen Arten geeignete Lebensbedingungen bieten, Sonnenbarsche noch pflegen.

Am bekanntesten und durch entsprechende Zuchtauslese auch noch am ehesten in Warmwasseraquarien zu halten ist der Zwergsonnenbarsch, *Elassoma evergladei*. Die während der Balz tiefschwarzen Männchen, bläulich oder grünlich durch unregelmäßig angeordnete Glanzschuppen schimmernd, werden nur maximal 4 cm groß. Sie sind sehr standorttreu und deshalb schon in kleinen Aquarien zu halten. In solchen kleinen Behältern müssen aber durch feinfiedrige Pflanzen ausreichende Verstecke für die Weibchen und die aufwachsenden Jungfische geschaffen werden. Die Männchen befinden sich fast ständig in Laichbereitschaft und könnten nicht laichwillige Weibchen zu Tode hetzen. Dabei stellen die Männchen weder dem Laich noch den Jungfischen nach, wohl aber die Weibchen. Da sich die Weibchen jedoch an den gleichen Stellen verbergen, wo auch die Jungen Schutz suchen, bleiben in kleinen Behältern, die zur Haltung ausreichen würden, oft nur sehr wenige Jungfische übrig. Das sind rätselhafter Weise überwiegend Männchen. Deshalb ist es besser, wenn man nach dem Laichen die Elterntiere abfängt und die Jungfische für sich aufzieht.

Werden Zwergsonnenbarsche zulange hintereinander gleichmäßig warm gehalten, geht die Fortpflanzungsbereitschaft drastisch zurück. Es muß auf eine warme eine Periode kühler Haltung folgen, die ihrerseits wieder von einer Fortpflanzungszeit abgelöst werden kann. Wer jene rhythmischen Wechsel nicht befolgt, wird mit den recht kurzlebigen Fischen nicht lange Freude haben. Aus diesem Grund und weil nur lebendes, zögernd auch Frostfutter und sonst keinerlei Ersatzfutter angenommen wird, kam es zu einem starken Rückgang dieses von den Liebhabern eigentlich sehr geschätzten Fischchens. Ähnlich liegen die Schwierigkeiten bei der Aquarienhaltung des Scheibenbarsches, *Enneacanthus chetodon*. Gewährt man diesen Fischen nicht eine mindestens ein Vierteljahr während kühle Überwinterung, können sie förmlich „ausbrennen". Ihrem Organismus werden dann zu hohe Energieleistungen abgefordert, und es bleiben keine Reserven für die Bildung der Geschlechtsprodukte. Ganz abgesehen davon wachsen bei zu warmer Haltung einfach nicht solche Prachtstücke heran, wie sie die alten Aquarianer noch kennen und schwärmerisch beschreiben.

Das Laichgeschäft der Scheibenbarsche ist durch eine ausgeprägte Brutpflege charakterisiert. Die Geschlechter sind recht schwierig und am besten in der Laichzeit zu unterscheiden. Schon bei der Balz wird das Männchen verwaschen graubraun, während das Weibchen - unter Aquarienfischen ungewöhnlich - in satten, auffälligen Farben prankt. Die Eier werden in einer Grube abgelegt. Oft sammelt ein Männchen den Laich von mehreren Weibchen. Schließlich läßt es keine weiteren Weibchen mehr in das Revier einschwimmen und bewacht die winzigen Jungfische, hervorragend getarnt durch seine graubraune Färbung. Auch nach dem Freischwimmen und dem Ausschwärmen der Jungfische vergreifen sich Scheibenbarsch-Männchen nicht an ihrer Brut. Nur selten erlebt man einmal ein Paar, das gemeinsam Brutpflege betreibt.

Scheibenbarsche sind sehr fruchtbar, aber der Züchter braucht in den Monaten der Fortpflanzung Unmengen von Lebendfutter. Wenn man nicht intensiv füttern kann, wachsen nicht etwa einige Jungfische gut heran, während die anderen zu Grunde gehen, sondern für Scheibenbarsche gilt die Regel, daß man entweder Tausende aufzieht, oder keinen Einzigen. Wer sich also ernsthaft mit der Zucht dieser Fische befassen will, muß neben kühler Überwinterungsmöglichkeit und dem ständigen Angebot von lebendem Futter auch eine erhebliche Aquarienkapazität besitzen. Damit wird der Kreis an möglichen Erhaltungszüchtern stark eingeschränkt.

So bedauerlich es ist, Scheibenbarsche wie auch andere verwandte Arten passen einfach nicht mehr in die Bedingungen, unter denen wir zur Zeit Aquaristik betreiben.

Literatur:
KÖLSCH, P. (1979): Der Scheibenbarsch. AT, S. 103-104
STALLKNECHT, H. (1993): Verhaltensbeobachtungen an *Elassoma evergladei*. DATZ, S. 216-219

Elassoma evergladei, Männchen

Tateurndina ocellicauda, Paar

Ausgesprochene Bodenfische werden von den Aquarianern eigenartigerweise ebenso wie die unter der Oberfläche lebenden Arten als Randgruppen angesehen und entsprechend geringer beachtet. Das traf zumindest lange Zeit hindurch für die Welse zu, diese allerdings sind in den letzten 10 Jahren zunehmend Modefische geworden. Grundeln jedoch haben bisher keinerlei Popularität erreicht. Das ist kaum zu verstehen, weil es ausgesprochen prächtige Vertreter unter ihnen gibt. Noch verwunderlicher ist, daß diese Arten im „Importstadium" oft höchst begehrenswerte Aquarienfische waren, für die man sogar recht hohe Preise zu zahlen bereit war. Das Interesse für diese Fische erlosch jedoch ziemlich schlagartig, sobald Nachzuchten im Handel auftauchten und der Preis absank. Gewiß haben zu einem Teil auch finanzielle Erwägungen bei der Haltung

von Aquarienfischen eine Rolle gespielt, aber warum ausgerechnet so gravierend bei den wenigen Grundelarten, die in Aquarien vermehrt werden konnten?
Es begann mit der Australischen Tüpfelgrundel, *Mogurnda mogurnda*. Als sie in den 50er Jahren importiert wurde, gelang die Vermehrung, sobald die eingeführten Fische alt genug waren. Anfangs war dieser ausgesprochene Räuber wegen seiner Farbenpracht weit verbreitet und beliebt. Die kräftigen, bis zu 15 cm langen, intensiv blau, rot und gelb getüpfelten Fische zeigten ein cichlidenähnliches Verhaltensinventar und vermehrten sich problemlos sowohl in weichem als auch in hartem Wasser. Solange sie beliebt waren, störte niemanden ihr räuberisches Verhalten. Erst bei der Begründung ihres Verschwindens wurde dieses „Argument" genannt. Da durch ihre leichte

Vermehrbarkeit der Aufkaufpreis des Handels unter die Selbstkosten der Produzenten sank, gab es damals innerhalb von nur zwei Jahren in ganz Europa plötzlich keine Tüpfelgrundeln mehr.

In den letzten Jahren erlebten wir fast das gleiche mit der aquaristisch wesentlich „handlicheren" Pastellgrundel, *Tateurndina ocellicauda*. Sie bleibt viel kleiner, ist ebenfalls blau, rot und gelb, und sie wäre eigentlich eine in jedes Aquarium passende Ergänzung für den bodennahen Raum. Auch hier war das Anfangsinteresse groß. Bereits innerhalb weniger Monate standen jedoch selbst ausgewachsene, prächtige Zuchtpaare in vielen Handlungen wochenlang im Angebot, und trotz drastischer Preissenkungen erhöhte sich die Nachfrage nicht. Etwa 10 Jahre zuvor druckten die Fachzeitschriften an hervorragender Stelle Zuchtberichte über die reizenden kleinen Goldringelgrundeln. Da die Artansprache recht problematisch ist und aus der Gattung *Brachygobius*

mehrere Arten importiert wurden, steht auf alle Fälle fest, daß *Brachygobius nunus* und wahrscheinlich auch *B. xanthozona* in Aquarien gut und reichlich vermehrt werden konnten. Gemessen am Preis der Importfische waren die Jungtiere geradezu billig. Jene Züchter, die wenige Jahre zuvor noch stolz auf ihren Erfolg waren, verkauften schließlich mit den letzten Jungfischen auch ihre Zuchtpaare, weil der Absatz immer schleppender verlief und kein Bedarf mehr bestand.

Grundeln sind Versteckbrüter. Die Männchen besetzen Reviere, in deren Zentrum sich eine Wurzel oder ein Stein, oft auch nur ein breites Blatt befinden, die durch Vertiefungen im Bodengrund eine Höhlung bilden. Diese Vertiefungen werden zum Teil ausgewedelt, aber auch durch Maultransport von Sand förmlich ausgeschaufelt. Die kleineren Arten nehmen jedoch auch vorhandene Höhlungen als gegeben hin. Goldringelgrundeln zum Beispiel laichen bevorzugt in den Röhren von Backsteinen. Vielfach wurde emp-

Stigmatogobius sadanundio, Paar

Brachygobius nunus, Paar

fohlen, dem Zuchtwasser Salz beizu-
mischen. Das hat sich nicht bei allen
Arten als notwendig erwiesen, denn
selbst in recht weichem Süßwasser
laichten die Fische ab, wenn sie nur
hinreichend alt waren.

Auch bei Grundeln können territoriale
Männchen mit mehreren Weibchen ablaichen und recht große Gelege sammeln. Der Laich wird ausschließlich
vom Männchen gepflegt auch die Jungfische, zumindest in den ersten Stunden oder Tagen. Die Aufzucht gelang
allerdings lediglich mit lebendem Futter, doch wurden von den populärer
gewordenen Arten immerhin die recht
großen *Artemia*-Nauplien vom ersten
Tag an genommen. Bei entsprechen-
dem Wasserwechsel wuchsen die Tiere
zwar nicht gerade schnell, aber, verglichen mit anderen Fischarten, noch immer im Rahmen der Norm. In einem
Alter von 12 bis 16 Wochen hatten sie

die handelsübliche Größe erreicht,
wenn auch zu diesem Zeitpunkt eine
eindeutige Unterscheidung der Geschlechter nicht immer möglich war.
Abgesehen von der recht groß werdenden Tüpfelgrundel besteht der Verdacht, daß die anderen beiden Arten
das Schicksal aller außergewöhnlich
kleinen Aquarienfische teilen. Sie eig-
nen sich zur Vergesellschaftung entweder nicht oder nur mit anderen kleinen
Arten. Schließlich ist auffällig, daß von
allen Fischgruppen die kleinsten Arten
zuerst selten wurden. Die Ausweitung
der Aquaristik hat natürlich vor allem
über das sogenannte Gesellschaftsaquarium stattgefunden. In solchen
Aquarien lassen sich, unabhängig von
ihrer geographischen Herkunft und oft
auch mit „gemittelten" ökologischen
Bedürfnissen, nahezu alle von der
Größe her möglichen Arten gemeinsam
halten. Besonders große Tiere schei-

den wegen räuberischer Eigenschaften aus, besonders kleine gehen optisch unter oder werden gar gefressen. Mit dem gewachsenen Gefühl für Wohnraumkultur wurden nicht mehr viele kleine Aquarien, sondern ein großes repräsentativ eingerichtetes Schaubecken im Wohnzimmer plaziert. Oft wurde dabei die dekorative Bepflanzung bei nur geringem Fischbesatz („Holländische Aquarien") bevorzugt. Zeiten beruflicher Belastung und die geringe Aussicht auf Absatzmöglichkeiten führten bei vielen Aquarianern zur Aufgabe der früher in irgendeinem Nebenraum existierenden Zuchtanlage. Hier hatten viele Seltenheiten und nicht unbedingt jedem zeigenswerte Fische noch einen Platz gefunden, und so ist in vielen Fällen einfach die Basis nicht mehr vorhanden, um kleinen Arten Asyl zu gewähren.

Das ist nur der Versuch einer Erklärung. Immerhin gab es ja Zeiten, in denen man glücklich war, an kleinen Vertretern das gesamte Verhaltensinventar der größeren und von vielen als unhandlich empfundenen Arten beobachten zu können. Gerade aus diesem Grunde waren ja zeitweilig besonders die Zwergbuntbarsche popularisiert worden.

In den Anfangskapiteln haben wir mehrere Gründe aufgeführt, die das modische Kommen oder Gehen von Aquarienfischen zu erklären versuchten. Wenn wir Arten in Aquarien erhalten wollen, müssen wir die dieser Erhaltung entgegenstehenden Tendenzen kennen. Das ist vielfach wichtiger, als deren Zuchtbedingungen ausführlich darzustellen. Immerhin verschwinden doch nicht nur Arten, deren Zucht schwierig ist, sondern vor allem solche, mit deren Fortpflanzung die Aquarianer bereits bestens vertraut waren.

Literatur:

HORSTHEMKE, H. (1995): Fortpflanzungsbiologie von Grundeln in GREVEN, H. und R. RIEHL: Fortpflanzungsbiologie der Aquarienfische. Symposiumband. B. Schmettkamp Verlag, Bornheim, S. 115-128

Hypseleotris cyprinoides, Männchen

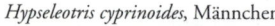

Pantodon buchholzi, Männchen

Zu den liebsten Beschäftigungen mancher Aquarianer gehört es, in alten Jahrgängen von Zeitschriften zu blättern und damalige Zuchtberichte über seltene Fische zu lesen. Vielleicht haben sie dabei den Wunsch, auf eine ganz besonders exotische Merkwürdigkeit zu stoßen, die sie irgendwann auch einmal selbst pflegen und züchten möchten.

Viele haben davon geträumt, den urtümlichen afrikanischen Schmetterlingsfisch, *Pantodon buchholzi*, zu besitzen, der trotz schlichter Farben durch seine Körpergestalt und das bizarre Flossenwerk eine Besonderheit darstellt. Vor allem die Brustflossen und die fächerartig verzweigten Bauchflossen geben diesem Fisch ein ganz eigenartiges Gepräge.

In der Literatur steht aber auch viel Abschreckendes. Er brauche extrem weiches Wasser, heißt es dort, sei nur mit Insekten oder deren Larven zu ernähren, und Fortpflanzung sowie Jungfischaufzucht stellten so ziemlich das Komplizierteste dar, was sich aquaristisch denken ließe.

Da Schmetterlingsfische wegen ihrer Attraktivität immer wieder importiert werden und nicht gerade billig sind, hat sich mancher Liebhaber einfach nicht zugetraut, diese Tiere am Leben erhalten zu können. Schon die Wasserfrage bildete das erste Hindernis, und dann gar die Beschaffung von Insektenfutter!

Wir sollten hier einen kleinen Abstecher zu einer anderen vivaristischen Disziplin unternehmen, in der während der letzten Jahre geradezu sensationelle Zuchterfolge bei Arten gelangen, die über Jahre hindurch nicht für möglich gehalten wurden. Es handelt sich um die Terrarienkunde. Früher bestand der Ehrgeiz jener Liebhaber besonders darin, möglichst seltene und teure Exemplare förmlich zu sammeln und sie, solange es nur ging, am Leben zu halten. Hier hat ein grundsätzlicher Umschwung stattgefunden. Heute gilt nur derjenige als ein guter Terrarianer, der seine Tiere so pflegt, daß sie zur Fortpflanzung gebracht werden können und von den aufgezogenen Jungtieren weiterhin Nachkommenschaft erzielt

Pantodon buchholzi, Weibchen

wird. Dazu aber gehört ein zum Teil erheblicher Aufwand an Futtertierzuchten.

Hier haben wir Aquarianer noch eine Menge zu lernen! Es ist ja so bequem, das Futter in der Fachhandlung kaufen zu können, schon etwas mehr Aufwand erfordert es, das zur Zucht notwendige kleine Lebendfutter in dafür geeigneten und zugänglichen Teichen selbst zu fangen. Futterzuchten jedoch legen die Aquarianer kaum an. Dabei brauchten sie heute nur zu übernehmen, was in der Terraristik erprobt wurde und sich bewährt hat. Sind doch inzwischen mit Wachsmotten, Bananengrillen und verschiedenen Heuschrecken- oder Fliegenarten gut beherrschbare Futtertiere in allen möglichen Größen bekannt. Die braucht der Terrarianer zur abwechslungsreichen Ernährung seiner Pfleglinge. Da die Aquarianer von ihren Standardfutterarten nicht abgehen werden, muß nur eine gut geeignete Futtertierzucht aufgebaut werden, um den Speisezettel der in Aquarien gehaltenen Fische bereichern zu können. Schließlich benötigen ja nicht nur Schmetterlingsfische Insektennahrung, auch viele Salmler, Buntbarsche und Regenbogenfische können damit besser als bisher ernährt werden.

Nachdem mehrfach bei Liebhabern Zuchten des Schmetterlingsfisches gelungen sind, hat sich übrigens auch herausgestellt, daß für die Haltung das für andere Fische geeignete Leitungswasser völlig ausreicht. Lediglich für die Zucht müßte die Härte auf etwa 8 °dGH herabgesetzt werden. Damit wären zwei der drei Problempunkte durchaus überwindbar.

Aber wir müssen uns noch mit einer dritten abschreckenden Mitteilung älterer Zuchtberichte befassen, in deren Mittelpunkt wiederum eine Fütterungsfrage steht. So hieß es, daß Jungfische für ein gutes Gedeihen unbedingt Springschwänze (Collembolen) benötigen würden und kein anderes Futter

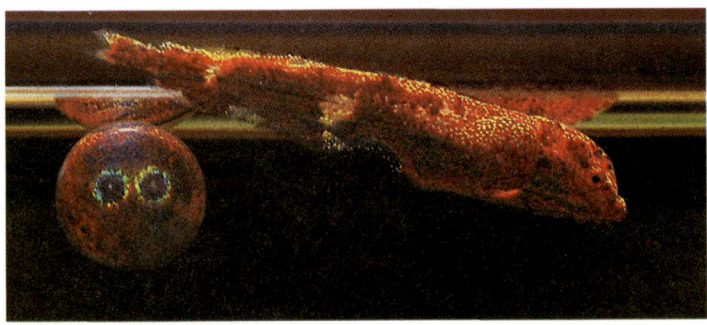

Pantodon buchholzi, Ei und frisch geschlüpfter Jungfisch

annehmen. Heute kann niemand nachvollziehen, warum diese Legende so lange bestehen konnte und zum Teil noch immer vom Kauf der Importtiere abhält. Inzwischen ist die Zucht mehrfach geglückt, die Jungfische sind in allen Größen durch Fotos dokumentiert, und die Autoren betonen, daß sie keinerlei Collembolen-Zuchten nötig hatten. Es ist nun auch schwer zu verstehen, wie die Jungfische die Oberflächenspannung des Wassers überwinden und diese flinken, springenden flügellosen Insekten hätten erbeuten sollen. Ein junger Schmetterlingsfisch besitzt ein schnabelförmig spitzes Maul, für das auch die kleinen Springschwänze noch viel zu groß sind.

Wovon aber ernähren sich die Jungfische? Offensichtlich kommen sie mit den üblichen *Cyclops*-Nauplien oder Rädertierchen nicht zurecht, zumindest nicht in den ersten Tagen. Dafür sind die Mißerfolge zu groß, und die Zahl der Überlebenden blieb zu gering. Es ist zu vermuten, daß die Jungfische in den ersten Stunden nach dem Freischwimmen Infusorien zu sich nehmen, jene einzelligen kleinen Lebewesen, die es in jedem Aquarium - wenn auch meist nicht in der erforderlichen Menge - gibt. Dafür sprechen Erfolge in sogenannten „Gammelbecken". Jeder Aquarianer, der eine ganze Zuchtanlage sein eigen nennt, kennt solche Aquarien. Hier lagert sich durch zeitweilige Vernachlässigung eine dicke Mulmschicht ab, die Pflanzen veralgen und die Sichtscheibe wurde auch mehrere Wochen hindurch nicht gereinigt. Fängt man die dort lebenden Fische ab und benutzt ein solches Aquarium für die

Pantodon buchholzi, Jungfisch im Alter von 10 Tagen

Aufzucht kleiner Jungfische, so staunt man, welche Wachstumsfortschritte ohne Zufütterung von gefangenem Futter gerade in den ersten Tagen erreicht werden.

In ein solches Aquarium setzten an der Aufzucht junger Schmetterlingsfische verzweifelnde Gelegenheitszüchter die verbliebenen wenigen Jungfische. Zu ihrer Überraschung gab es nun keine Verluste mehr, und die Tiere waren nach einigen Tagen schon deutlich gewachsen. Später bewältigten sie dann auch die anfangs offenbar zu schnell ausweichenden Nauplien, bleiben doch junge Schmetterlingsfische in den ersten Tagen fast unbeweglich unter einem schützenden Schwimmpflanzenblatt stehen und schwimmen nicht hinter Futtertieren her.

Die auf diese Weise erzielten Ergebnisse waren bisher recht bescheiden, nur selten erzielte man mehr als 100 Nachzuchttiere. Mag auch der Aufwand, gemessen an diesen geringen Erfolgen groß erscheinen - eigenartigerweise hat man sie nicht zur Basis einer möglicherweise produktiveren Weiterzucht genutzt.

So kam es zwar mehrfach zu übereinstimmend geschilderten Zuchtberichten, jedoch nicht zum Aufbau von Aquarienzuchtstämmen. Dabei sind inzwischen genügend Fakten bekannt, daß die Nachzucht durchaus erfolgreicher betrieben werden könnte. Schmetterlingsfische gehören einer weit zurückliegenden Epoche an. Sie sind als einzige Vertreter ihrer Familie „lebende Fossilien", deren Erhaltung auch von höchstem wissenschaftlichem Interesse ist.

Es stünde der Aquaristik gut zu Gesicht, wenigstens für eine Fischart soviel Mühe aufzubringen, wie sie die Terrarianer täglich für nahezu alle ihre Nachzuchten leisten müssen.

Literatur:
RICHTER, H. J. (1980): Der Schmetterlingsfisch, *Pantodon buchholzi* Peters, 1876. AT, S. 412-413

Pantodon buchholzi,
Jungfischschwarm
an der Wasseroberfläche

Stachelaale

Als etwas Besonderes galten Stachelaale schon immer. Aquarianer, die solche Tiere pflegten, mußten allerdings über einen ausgeprägten Charakter verfügen. Sie hatten mit dem Spott ihrer Kollegen zu leben, weil sie diese kostbaren Neuerwerbungen gewöhnlich nicht vorführen konnten. Den Tag über leben diese Tiere nämlich vorwiegend verborgen im Bodengrund und nur Eingeweihte können irgendwo im Kies ein kleines Stück der Schnauzenspitze entdecken. Freude an den eleganten Schwimmbewegungen kann man erst am späten Abend oder nach längeren Futterpausen haben. Dann kommen die Fische ziemlich schnell hervor und durchsuchen jeden Winkel des Aquariums nach Freßbarem. Mit einigen Arten gab es auch in der Vergangenheit unregelmäßige Zufallszuchten. In den letzten Jahren allerdings gelang die Vermehrung regelmäßiger, und es ist schwer zu sagen, warum sie auf einmal so gut klappte. Haltungstechnisch hatten die erfolgreichen Züchter keine bedeutsamen Neuerungen eingeführt. Eines allerdings kann mit Sicherheit gesagt werden: Wo die Zucht gelang, waren die laichenden Fische mindestens fünf Jahre alt, so daß gezielte Versuche in der Vergangenheit möglicherweise mit unreifen Tieren unternommen wurden und deshalb zwangsläufig scheitern mußten.

Typisch ist auch, daß keiner der später so erfolgreichen Züchter mit der Möglichkeit gerechnet hatte, seine Stachelaale vermehren zu können. Die Fische führten ihr verstecktes Dasein in geräumigen Schaubecken. Ihre Besitzer wurden eines Tages beim Wasserwechsel nach einer größeren Reinigungsaktion vom Laichgeschäft überrascht. Solches Ablaichen ging möglicherweise schon vorher oft unbemerkt vonstatten, denn man hatte immer wieder mitgeteilt, daß die Weibchen zeitweilig unförmig dick, plötzlich aber wieder schlank geworden waren. Ebenso, allerdings seltener gab es Meldungen, daß eines Tages einzelne Jungfische von bereits beträchtlicher Größe in den betreffenden Aquarien aufgetaucht waren. Solchen Berichten schenkte man meist keinen Glauben.

Nachdem aber einem wasserwechselnden Züchter aufgefallen war, daß seine Stachelaale förmlich gegen den Frisch-

Mastacembelus circumcinctus, Jungfisch

Mastacembelus erythrotaenia, Jungfisch

wasserstrahl aufwärts drängten, dabei ein laichvolles Weibchen vom Männchen umschlungen wurde und plötzlich eine Wolke Eier von sich gab, entschloß er sich zum Handeln. Er paßte die nächste Laichszene ab, fing mit einem Kescher die hinter dem Paar hervorwirbelnden Eier ab und inkubierte sie in einem schnell vorbereiteten Schlupfbecken.

Zu seiner Überraschung schlüpften nicht nur aus nahezu sämtlichen Eiern Jungfische, sie waren auch relativ leicht aufzuziehen.

So wurden die ersten Nachzuchten von *Mastacembelus circumcinctus*, einer thailändischen Art, erzielt. Wenig später gelang auf die gleiche Weise auch die Nachzucht von dem in Hinterindien weit verbreiteten Pfauenaugen-Stachelaal, *Macrognathus aculeatus*. Von den Jungfischen ließen sich, nachdem mindestens vier Jahre vergangen waren, wieder Nachzuchten erzielen, so daß sich nachweislich Stachelaale aus Aquarienzuchten vermehren lassen.

Das muß deswegen betont werden, weil russischen Züchtern die Vermehrung nur mit hormoneller Stimulation

gelang und solche Nachzuchtfische im Verdacht stehen, ebenfalls nur durch Spritzen zur Fortpflanzung gebracht werden zu können.

Die bislang genannten Arten können im Aquarium bei einer maximalen Größe von 20 cm Länge gut vergesellschaftet werden und greifen andere Fische nicht an.

Der Handel offeriert gelegentlich die wesentlich attraktiveren Feuer-Stachelaale, *Mastacembelus erythrotaenia*. Diese auf schwarzgrauem Untergrund mit leuchtend hellroten Farbmarkierungen versehenen Fische werden aber über 50 cm groß, sind in ihrer Heimat beliebte Speisefische und wachsen rasch zu Räubern heran. Man sollte sich deren Anschaffung, so hübsch die Jungfische auch aussehen mögen, reiflich überlegen, denn die Pflegemöglichkeiten werden in den üblichen Gesellschaftsaquarien nur eine begrenzte Dauer haben.

Literatur:
STAUDE, R. (1985): Erfolgreiche Nachzucht vom Pfauenaugen-Stachelaal, *Macrognathus aculeatus* (Bloch, 1788). AT, S. 263-264

Labyrinthfische

Trichogaster microlepis, Männchen

Innerhalb des Gesamtbildes von Fischen sind Arten, die sich durch aktives Luftschöpfen und Ausnutzen des Sauerstoffanteils auch in unwirtlichsten Gewässern aufhalten können, bereits Sonderlinge. Wenn solche Arten dann auch attraktiv gefärbte Männchen und ein gut beobachtbares Brutpflegeverhalten aufweisen, können solche Fische der Aufmerksamkeit der Aquarianer sicher sein.

Dennoch sind im Handelssortiment nur wenige Arten dauerhaft vertreten. Meist sind es Fadenfische der Gattungen *Colisa* und *Trichogaster*, während man Kampffisch-Zuchtformen und Makropoden schon seltener antrifft. Die meisten der erreichbaren Arten bauen Schaumnester, in denen die Männchen den Laich auch mehrerer Weibchen sammeln können. Auch über das Freischwimmen der Jungfische hinaus wird eine Brutpflege durch die Männchen betrieben, in dem vor allem der Raum von Feindfischen freigehalten wird.

Von diesen Eigenschaften weicht aber eine nicht gerade kleine Zahl von Labyrinthfischen ab. Diese bilden also innerhalb jener außergewöhnlichen Familie weitere Besonderheiten aus. So gibt es Arten mit Maulbrutpflege. Während aber bei den maulbrütenden Kampffischen die Männchen den Laich erbrüten, sind es bei den Schokoladenguramis und ihren Verwandten die Weibchen.

Schließlich gibt es in dieser Familie, die überwiegend auf atmosphärische Luft angewiesen ist, eine Reihe von kleinbleibenden Arten, die man nur selten an die Oberfläche steigen sieht, um Luft zu schöpfen. Sie können durch ihr Leben in relativ sauerstoffreichem Wasser auf die Zusatzatmung fast völlig verzichten. So besteht die Besonderheit solcher kleinen Labyrinthfische darin, daß ihr abweichendes Atemkonzept dem der großen Menge von Fischen gleicht.

Während für viele Fischgruppen gezeigt werden konnte, daß Neuheiten oder Besonderheiten nach deren Entdeckung durch Spezialisten völlig oder wenigstens zeitweise Allgemeingut der gesamten Aquaristik wurden, ist dieser Fall bei den Labyrinthfischen nicht eingetreten. Niemals gab es eine Labyrinthfisch-Mode, die der Buntbarsch-Begeisterung oder dem gegenwärtigen Wels-Boom annähernd vergleichbar wäre. So sind die Spezialitäten bei den Spezialisten geblieben. Und während die Aquarianer allgemein heute mehr über Buntbarsche und Welse wissen, ist die gewachsene Kenntnis über Labyrinthfische nicht zum Allgemeingut geworden.

Sphaerichthys osphromenoides, Männchen

Schokoladenguramis

Nach groben Schätzungen stehen den Aquarianern heute etwa rund 1000 Arten exotischer Fische zur Verfügung. Darunter sind die meisten relativ mühelos in Aquarien zu vermehren, andere gibt es, deren Zucht nur mit Aufwand gelingt und schließlich einige, an denen sich die Mehrzahl der Aquarianer seit der Ersteinfuhr um die Jahrhundertwende „die Zähne ausbeißt".

Um kaum eine andere Art hat es wohl so viele Bemühungen gegeben, wie um den Schokoladengurami, *Sphaerichthys osphromenoides*. Da einmal in der Transportkanne eines Importeurs neben erwachsenen Tieren auch Jungfische gefunden wurden, glaubte man, die Art sei lebendgebärend. Später gab es Mitteilungen über eine angebliche Zucht nach Schaumnestbau. Das ist für Labyrinthfische, zu denen diese Art zählt, nichts Ungewöhnliches, wenn

Sphaerichthys osphromenoides, Paar

auch für die Gesamtheit der Fische eine Besonderheit. Woher kamen die Jungfische in der erwähnten Transportkanne? Heute wissen wir, daß Schokoladenguramis Maulbrüter sind. Ob es Lokalformen gibt, die den Laich in einem Schaumnest unterbringen, konnte bisher nicht geklärt werden. War die Zuchtmitteilung über den Schaumnestbau eine aquaristische „Ente"?

Für viele Liebhaber war es jedoch schon schwierig, die importierten Schokoladenguramis längere Zeit am Leben zu halten. Sie sind jedoch keine Futterspezialisten, wie man zunächst vermutete. Selbst mit verschiedenen Wasserqualitäten bis zu über 20 °dGH kommen mehr Tiere zurecht als man zunächst annahm. In ihrer Heimat bewohnen sie nämlich vorwiegend extrem weiche und saure Gewässer, die in ihrer farblichen Beschaffenheit eher an schwarzen Tee oder dünnen Kaffee erinnern. Aber auch das Nachgestalten der chemischen Eigenschaften des Halterungswassers half den Aquarianern wenig.

Nach anfänglich guter Eingewöhnung gehen auch heute noch viele der importierten Fische trotz bestmöglicher Fütterung ein. Neben Hautkrankheiten sind es offenbar mitgebrachte Parasiten, die im Magen-Darm-Trakt oder in der Muskulatur wirksam werden und an denen die Fische sterben. Versuche zur Bekämpfung kamen immer zu spät.

Erstaunlicherweise aber blieben meist Einzelstücke völlig unbeeindruckt und lebten noch jahrelang.

Schon die Unterscheidung der Geschlechter fiel lange schwer. Heute weiß man, daß trotz verschiedener Farbschläge und lokaler Musterabweichungen Tiere mit dunkler Kehle und breiter, brauner Innenfeldfärbung der Afterflosse Männchen sind. Die weiße Umrandung der Flossen trifft nur für die Männchen einer bestimmten Lokalform zu und kann leider nicht als typisch verallgemeinert werden. Wenn man mehrere Tiere zum Vergleich heranziehen kann, sind auch die abschließenden Spitzen der Rückenflosse bei den Männchen länger, während die Weibchen eine meist abgerundete Dorsale besitzen. Bei zusammengelegter Rückenflosse kann jedoch auch ein

Sphaerichthys osphromenoides, maulbrütendes Weibchen

ob es bei den wenigen Nachzucht-
fischen wiederum zur Fortpflanzung
kam. Dann wären immerhin die Parasiten ausgeschaltet, deren Entwick-
lungszyklus häufig an Wirtswechsel gebunden ist und im Aquarium nicht
vollendet werden kann.

Reisende Aquarianer versichern immer
wieder, daß Schokoladenguramis in ihrer Heimat keineswegs gefährdet sind.
Dennoch ärgern sich vor allem die La-
byrinthfisch-Spezialisten, daß es bisher
nicht gelang, Aquarienstämme dieses
begehrten Fisches aufzubauen. So

Sphaerichthys osphromenoides, Jungfische in der ersten Woche

Weibchen eine spitze Dorsale vor-
täuschen.

Meist werden noch undifferenzierte
Jungfische importiert, nur selten bereits reife Paare. Nachdem erstmalig
der Laichakt fotografisch belegt werden konnte, steht nunmehr fest, daß
Schokoladenguramis Maulbrüter sind.
Bei nur einer Paarung können 50 bis
70 Eier ausgestoßen werden, die das
Weibchen anschließend ins Maul
nimmt und ausbrütet.

Die Brutdauer umfaßt etwa zwei
Wochen. Inzwischen gelang es mehrfach, Jungfische aufzuziehen. Aber es
blieben vorläufig nur Einzelerfolge, vor
allem wurde nichts darüber bekannt,

bleibt die Hoffnung, daß mit weiteren
Versuchen irgendwann einmal der Anfang einer solchen Generationsfolge
gelingt und Schokoladenguramis wie
Hunderte anderer Arten auch in Aquarien vermehrt werden können.

Literatur:

RICHTER, H. (1972): Der Schokoladengurami, *Sphaerichthys osphromenoides Canestrini*, 1860 - Betrachtungen zum Paarungsverhalten. AT,
S. 150-154

STALLKNECHT, H. (1968): Geschlechtsunterschiede beim Schokoladengurami. AT, S. 406-407

Sphaerichthys osphromenoides, Jungfisch nach einem Monat

Ctenops nobilis,
Jungfisch

Spitzkopfguramis

Während Schokoladenguramis als attraktiv empfunden wurden, kümmerte sich niemand um die allerdings auch seltener und oft nur als Beifang mitgebrachten *Ctenops nobilis*. Erst in jüngster Zeit gelang es, die eingeführten Fische am Leben zu erhalten und zur Fortpflanzung zu bringen. Dabei stellte sich heraus, daß eine wahrscheinlich nahe Verwandtschaft zu den Schokoladenguramis besteht. Diese war bisher nicht in allen publizierten Vorschlägen zur Systematik der Labyrinthfische ersichtlich. Jungfische sehen einander

zum Verwechseln ähnlich, und der brutpflegende Elternteil ist ebenfalls das Weibchen. Wegen aufwendiger Pflege und ihrer unscheinbaren Färbung sind diese aquaristischen Ergebnisse von wissenschaftlichem Stellenwert, zur Popularisierung der Art haben sie jedoch leider nicht beigetragen.

Literatur:
KOKOSCHA, M. (1988): Zwei außergewöhnliche Labyrinthfische: *Ctenops* und *Sphaerichthys* - Zucht und systematische Stellung. DATZ, S. 300-302

Ctenops nobilis, Paar

Da diese ebenfalls atmosphärische Luft schöpfenden südostasiatischen Raubfische lange Zeit und in vielen aquaristischen Veröffentlichungen zu den Labyrinthfischen gezählt wurden, werden sie auch hier im Anschluß an diese Gruppe behandelt. Im System werden sie heute eigenständig betrachtet, sind also keine Labyrinthfische. Lange Zeit war es schwierig, den mit dem Beinamen „schön" versehenen *Luciocephalus pulcher* nach dem Import im Aquarium am Leben zu erhalten. Die Fische kamen meist als Einzeltiere im Beifang mit, und lange wußte man nicht, durch welche Merkmale sich die Geschlechter unterscheiden lassen. Erst in den letzten 10 Jahren gelang es durch peinlich genaue Nachahmung des weichen und sauren Fundortwassers, die nicht häufiger nach Europa gelangenden Tiere sowohl über längere Zeit zu pflegen als auch Jungfische aufzuziehen.

Dabei stellte sich heraus, daß auch von dieser Art die Männchen die Eier ins Maul nehmen und erbrüten. Obgleich die Bedingungen für die Aquarienhaltung und sogar die Vermehrung heute gut bekannt sind, hat das die Allgemeinheit der Aquarianer kaum zur Kenntnis genommen. Einschränkend muß freilich auch zugestanden werden, daß alle hechtartigen Vertreter, aus welcher Fischfamilie sie auch kommen, niemals große Verbreitung gefunden haben. Es sind obligatorische

Luciocephalus pulcher, Jungfisch

Fischräuber, die zumindest für Aquarien erhebliche Größen erreichen und damit stets lebende Fische geeigneter Größe verzehren müssen. Sie sind auch nur mit Arten zu vergesellschaften, die auf Grund ihrer Größe oder ihrer Körperform nicht ins Hechtmaul passen. Wenn dann noch besondere Wasserverhältnisse verlangt werden und jede leichte Beeinträchtigung der Wasserqualität zu Bakterienbefall führt, sind genügend einschränkende Kriterien gegeben, um die Mehrzahl der Aquarianer von der Haltung solcher Tiere abzuschrecken, so interessant dieses Neuland auch erscheinen mag, das hier ein paar Spezialisten betreten haben.

Literatur:

KOKOSCHA, M. (1995): Fortpflanzung bei der Gattung *Luciocephalus*. In: GREVEN, H. & R. RIEHL: Fortpflanzungsbiologie der Aquarienfische. Symposiumband. B. Schmettkamp Verlag, S. 33-36

Luciocephalus pulcher, Männchen

Schlangenkopffische

Channa obscura

Die zum Teil recht groß werdenden Schlangenkopffische sind ebenfalls ihrer Luftatmung wegen stets gemeinsam mit den Labyrinthfischen behandelt worden, obgleich sie in der zoologischen Systematik eine selbständige Gruppe bilden. Meist waren es auch hier Jungfische, die im Beifang gefunden und des Interesses halber, um zu sehen, was daraus wird, gehalten wurden. Alsbald aber mußten die bestürzten Aquarianer feststellen, daß diese Raubfische schon verhältnismäßig früh andere Aquarienbewohner jagten und

Channa sp.

verzehrten. Oft erreichten solche Fische innerhalb eines Jahres die 30 cm-Grenze und wurden dann hochherzig einem Schauaquarium gespendet. Besonders groß war die Enttäuschung beim Erwerb der attraktiven Jungfische von Channa micropeltes, dessen Körperseiten zwischen zwei dunklen Längsbinden intensiv orange leuchten - diese Schönheit verschwand bald, und die größer werdenden Tiere wurden unansehnlich graubraun, steigerten vor allem aber ihre Gefräßigkeit.

Dagegen stand mit *Channa orientalis* von Sri Lanka ein nicht nur farbenprächtiger, sondern auch mit 10 bis 15 Insel Sri Lanka, sogar mit *C. gachua* vergesellschaftet, in den gleichen Gewässern vorkommt.

Bei der Beschäftigung mit den bauchflossenlosen *C. orientalis* gab es aber eine weitere Überrraschung. Die Fische sind Maulbrüter, ebenso wie *C. gachua*. Sie beschränken sich aber nicht darauf, ihre Brut auf diese Weise zu schützen. Während die Jungfische bereits frei schwimmen, geben die Weibchen weiterhin Schübe von unbefruchteten Eiern ab, mit denen die Brut ernährt wird.

Doch selbst dieser für die Aquarienhaltung gut geeignete Schlangenkopffisch

Channa orientalis

cm Länge ziemlich klein bleibender Schlangenkopffisch zur Verfügung. Und es ist schon seltsam, kaum kümmert sich mal jemand intensiver um eine solche Art, schon entdeckt er etwas Neues.

Zum Beispiel war beim Literaturstudium aufgefallen, daß mit diesem Namen sowohl Fische mit Bauchflossen als auch Tiere ohne solche bezeichnet wurden. Auch wurde für beide Formen bis heute der Name *Channa gachua* verwendet. Inzwischen ist wahrscheinlich, daß *C. gachua* ein großes Verbreitungsgebiet umfaßt, *C. orientalis* dagegen ausschließlich auf der hat keine weitere Verbreitung gefunden - viele Aquarianer haben die Veröffentlichungen wahrscheinlich nicht einmal gelesen. Erwähnt man solche interessanten Fakten aus der Biologie der Aquarienfische, stößt man selbst heute noch auf Unglauben und muß auf die Fachpublikationen hinweisen.

Literatur:
ETTRICH, G. & J. SCHMIDT (1989): *Channa gachua* aus Südostasien und *Channa orientalis* von Sri Lanka - zwei gute Arten. DATZ, S. 465-467

Eierlegende Zahnkarpfen

Cynolebias bellottii, Paar

Die durch ihre weite Verbreitung auf nahezu allen Kontinenten außer Australien äußerst vielgestaltige Familie der Cyprinodontidae unterliegt der Mode ganz besonders stark. Im Verlauf der Geschichte der Aquaristik haben mehrmals Perioden ab, in denen jeweils die Vertreter eines Kontinents im Mittelpunkt standen und die nach ein paar Jahren durch die eines anderen abgelöst wurden. Die außerordentliche Vielgestaltigkeit und Fülle von Arten und Lokalformen dieser geologisch jungen Fischgruppe brachten es mit sich, daß ein etwa gleichbleibender Formenschatz in Aquarien der Spezialisten vorhanden war. Davon aber gelangte nur die eine oder die andere Art wegen ihrer leichten Haltung und Zucht auch in die allgemeine Aquaristik. Züchter Eierlegender Zahnkarpfen waren zu allen Zeiten eine sehr spezialisierte Gruppe von Aquarianern. Die intensive Beschäftigung mit solchen Fischen erfordert ganz eigene Behältergrößen und Zuchtmethoden. Aber auch in den Zeiten intensivster Beschäftigung mit diesen Arten verschwand so mancher attraktive Fisch wegen Problemen, die insbesondere mit der Geschlechterverteilung in der Nachzucht zusammenhingen. Fehlte dann der Informationsaustausch, so wußten Züchter mit Weibchen-Überhang nicht, wo die fehlenden Männchen im Übermaß aufgetreten waren. Inzwischen gibt es in der organisierten Aquaristik spezielle Arbeitsgemeinschaften, deren Informationsdienst solche vermeidbaren Pannen ausschließt. Bei den Arterhaltungsbemühungen ist der Blick ganz besonders auf die nordamerikanischen Vertreter mit den Gattungen *Chriopeoides, Cubanichthys, Cyprinodon, Fundulus, Garmanella* und *Lucania* sowie auf die des Mittelmeerraumes mit den Gattungen *Aphanius* und *Valencia* gerichtet. Sind doch trotz kurzzeitig aufflammenden Interesses stets wenige Jahre nach der Einfuhr von diesen Arten kaum noch Tiere zu erhalten.

Mit Einschränkungen gilt das auch für die südamerikanischen Vertreter der Gattungen *Cynolebias*, *Pterolebias* und *Rachovia*. Der Lebensraum dieser Arten ist durch zum Teil markante Wechsel von Regen- und Trockenzeiten gekennzeichnet. Nur wenige Wochen im Jahr sind weite Landstriche überflutet, in denen die Fische große Mengen von Eiern in den Bodengrund legen. In der Trockenzeit dagegen kann man nur noch vereinzelte Exemplare in den Resttümpeln der immer mehr zurückgehenden Wasserflächen finden. Mit dem weiteren Eintrocknen werden sie eine leichte Beute von Vögeln. Die oft mehrmonatige Trockenzeit überdauern die Eier im sich verhärtenden Schlamm, wobei sich die Embryonalentwicklung der jungen Fische bis zur Schlupfreife vollzieht. Mit dem Wiedereinsetzen des Regens schlüpfen dann die Jungfische. Die riesigen Wasserflächen gleichen in den ersten Wochen der Regenzeit natürlichen Heuaufgüssen mit einer äußerst reichhaltigen Wasserlebewelt. Mit diesem großen Futterangebot wachsen die Jungfische rasch heran und erreichen sehr schnell die Geschlechtsreife. Schließlich stehen nur wenige Wochen zur Eiablage und damit zur Sicherung der Generationsfolge zur Verfügung, ehe die neue Trockenzeit das Verschwinden der Wasserflächen bedingt. Diese Vorgänge unter Aquarienbedingungen nachzuvollziehen, gelingt bei erfreulich vielen Arten. Neben den genannten südamerikanischen Gattungen vollzieht sich der Fortpflanzungszyklus bei den ostafrikanischen Fischen der Gattung *Nothobranchius* fast ebenso. Die Zucht der südamerikanischen Eierlegenden Zahnkarpfen ist etwas schwieriger, vor allem konnten keine langjährigen Aquarienstämme erhalten werden, unter anderem wegen des leidigen Geschlechterproblems.

Praktisch wäre gleichgültig, welche der vielen Arten in die Erhaltungsprogramme aufgenommen werden. Schön sind diese Fische alle, nur der Geschmack ist verschieden. Aber im Formenschatz der Vermehrungsweisen müssen Saisonfische unbedingt erhalten bleiben. Gerade in den Heimatgebieten dieser Arten vollziehen sich tiefgreifende Wandlungen auf landwirtschaftlichem Gebiet. Obgleich gerade in den letzten Jahren ständig neue Arten entdeckt und beschrieben werden, gelten andere schon heute als ausgestorben oder schutzwürdig. Sie können also dort nicht mehr nach Gutdünken abgefangen und importiert werden. Da wir

Pterolebias zonatus, Paar

Nothobranchius rachovii, Paar

aber solche Fische in der Aquaristik noch besitzen, ist einfach nur darauf zu achten, daß sie nicht leichtfertig preisgegeben werden.

Aber auch so attraktive und leicht vermehrbare Arten der afrikanischen Gattung *Aphyosemion* werden nach lang-

eilichthys und weiterer Gattungen aus anderen Gewässern bekannt, wegen ihrer geringen Größe und mangelnder farblicher Attraktivität aber kaum noch gehalten. Die augenfälligeren Arten der Gattungen *Procatopus* und *Micropanchax* fanden wenigstens zeitweise weit-

Nothobranchius eggersi, Paar

jährig erfolgreicher Zucht plötzlich nicht mehr angeboten, weil der Züchter sich anderen Arten zugewandt hat, ohne die Linie in ihrer Weiterführung abzusichern.

Mit den Buntbarschimporten aus den ostafrikanischen Seen kamen auch Eierlegende Zahnkarpfen nach Europa, deren Verhaltensweisen vom gewohnten Formenschatz stark abwichen. Zwar wurden schwarmbildende Leuchtaugenfische der Gattung *Aploch-*

aus mehr Zuspruch. Ihre Fortpflanzung brachte insofern etwas Neues, als diese Fische ihren Laich in Felsspalten hineinschießen, wodurch er praktisch unauffindbar blieb. Oft wurden die schlüpfenden Jungfische dann in Unkenntnis dieser Eigenschaft vom Aquarianer nicht bemerkt und von den Eltern verzehrt.

Seit wir dies aber wissen, können wir auch einen der attraktivsten Schwarmfische des Tanganjikasees in Aquarien gut erhalten. Der Tanganjika-Leuchtaugenfisch, *Lamprichthys tanganicanus*, erinnert in Körperform und Verhaltensweisen weitaus eher an Regenbogenfische. Der Import war außerordentlich schwierig, weil die Verpackung mehrerer Tiere in einem Beutel zu Zusammenstößen der Fische und damit zu Schuppenverlusten führte. Solche verletzten Tiere konnten, falls sie überhaupt lebend ankamen, in Aquarien nicht ausgeheilt werden. Erst der sorgfältige Einzeltransport weniger

entwicklung offensichtlich keinen Einfluß, wie sich durch einwandfrei gestaltete Nachzuchttiere herausstellte. Fast 40 Jahre hindurch kannten die Aquarianer diesen Fisch nur von Abbildungen einzelner Männchen her, ehe die erste Nachzucht gelang. Heute muß darum gebangt werden, daß diese so lange angestrebten Fische über die nächsten Jahre kommen. Falls es nicht gelingt, die vorhandenen Aquarienstämme zu erhalten, kann so schnell nicht damit gerechnet werden, daß

Nothobranchius foerschi, Paar

Fische führte zum Erfolg. Im Aquarium erwies sich diese schöne Art als durchaus züchtbar, besser jedenfalls als nach den hinfälligen Erstimporten erwartet werden konnte.

Auch diese Fische „schießen" ihre relativ großen Eier tief in Gesteinsspalten, wobei der Laich oft stark deformiert wird. Das hat auf die Embryonal-

sich jemand erneut die Mühe macht, jene auf dem Transport leicht verendenden Fische wieder zu beschaffen.

Literatur:
BREITFELD, K. (1994): Die Welt der Killifische. Haltung und Zucht Eierlegender Zahnkarpfen. Tetra Verlag, Melle

Lamprichthys tanganicanus, Paar

Nanderbarsche

Die Anzahl der in Aquarien gepflegten Nanderbarsche war niemals groß. Sie hat sich noch dadurch verkleinert, daß die einst als Vertreter dieser Fischgruppe angesehenen Blaubarsche heute an die Basis der Labyrinthfischvorfahren gestellt und damit nicht mehr zu ihnen gezählt werden (S. 67). Damit verbleiben eigentlich nur Schomburgks Vielstachler, *Polycentrus punctatus* (ehemals *schomburgki*), und der Blattfisch, *Monocirrhus polyacanthus*, aus Südamerika, sowie der Afrikanische Vielstachler, *Polycentropsis abbreviata*, die von aquaristischer Bedeutung sind. Bei allen handelt es sich um drei Arten lauernde Raubfische, die unter Blättern stehen und ihre Beute mit einem Ruck in ihr röhrenartig vorstülpbares Maul saugen. Die indischen Vertreter der eigentlich namengebenden Gattung *Nandus* ebenso wie *Pristolepis fasciata* sind wohl stets nur in Einzelstücken importiert und wegen ihrer räuberischen Eigenschaften nicht einmal von aquaristischen Sonderlingen unter den Liebhabern beachtet worden.

Am leichtesten gelang die Zucht von *Polycentrus punctatus*. Das samtschwarze und mit vielen blaugrün schillernden Glanzschuppen attraktiv aussehende Männchen bewacht nach der Eiablage, die unter breiten Blättern erfolgt, die Jungen bis zum Freischwimmen. Das lehmbraungrau gefärbte Weibchen muß das Feld räumen, obgleich es sich nicht an den Jungfischen vergreift. Diese Vielstachler sind sehr produktiv, und man braucht eine gute Futterbasis, um alle die kleinen Räuber gut aufziehen zu können.

Die Vermehrung des Blattfisches gelang seltener, wahrscheinlich, weil diese Tiere selten importiert wurden. Sobald sich nämlich ein interessierter Aquarianer aufmerksam mit dieser Art beschäftigte, war es nur eine Frage der Zeit und der richtigen Ernährung, daß die Zucht gelang. Nicht nur die erwachsenen Fische sind mit Wasserflöhen oder Mückenlarven einfach nicht in die Laichreife zu bringen. Auch die

Polycentrus punctatus, Männchen

Monocirrhus polyacanthus, Männchen

heranwachsenden Jungtiere müssen ihrer Maulgröße entsprechend ständig große Mengen junger Fische zur Verfügung haben. Dafür reichen Guppyzuchten nicht aus.

In einem der bekanntgewordenen Fälle wurden umfangreiche Nachzuchten des äußerst produktiven Fadenfisches *Trichogaster trichopterus* zum Aufziehen der Brut von Blattfischen benötigt. Im Gesellschaftsaquarium muß man immer damit rechnen, daß diese ewig hungrigen Raubfische versuchen, passende Arten zu erhaschen. Da sie vor allem in der Dämmerung räubern, können ihnen kleine und mittelgroße Salmler zum Opfer fallen. Von diesen Fischen ernähren sie sich ja auch in ihrer Heimat.

Wie alle obligatorischen Raubfische nehmen sie kaum Ersatznahrung an und stellen daher als Futterspezialisten

Monocirrhus polyacanthus, Jungfisch

an den Pfleger hohe Anforderungen, die, falls die Nachzucht gelingt, noch nicht einmal durch gute Absatzaussichten für die seltenen Fische belohnt werden.

Wer sich also letztendlich entschließt, eine dieser Nanderbarsch-Arten pflegen und züchten zu wollen, muß wissen, daß er nur auf wenig Gleichgesinnte trifft. Aber schon das ist vielfach ein Anreiz.

Literatur:

REMUS, P. (1981): Der Südamerikanische Vielstachler *Polycentrus schomburgki*. AT, S. 131-133

RUCKS, R. (1992): *Polycentropsis abbreviata*. Beobachtungen und Erkenntnisse. DATZ, S. 420-422

- (1995): Ein Beitrag zur Biologie des Blattfisches, *Monocirrhus polyacanthus*. DATZ, S.429-432

Monocirrhus polyacanthus, Paar

Als am Anfang der Aquaristik Lebend-gebärende Zahnkarpfen zum Ausgangspunkt der heute weit verbreiteten Liebhaberei wurden, wurde es als Sensation betrachtet, daß die nur wenige Zentimeter großen Fische sofort lebenstüchtige Junge absetzten, die das Stadium der Embryonalentwicklung im mütterlichen Körper vollzogen hatten. Wie schon erwähnt, ergaben wissenschaftliche Untersuchungen, daß es sich dabei nicht um eine Lebendgeburt handelt, die mit der Fortpflanzung der Säugetiere zu vergleichen wäre. Die Weibchen der meisten lebendgebärenden Fischarten bilden äußerst dotterreiche Eier, und nach der Befruchtung entwickeln sich die Jungfische nur aus

sig. An Neugeborenen ist in den ersten zwei bis drei Lebenstagen noch der eine oder andere Rest dieser funktionslos gewordenen Organe zu erkennen. Die erste in Gefangenschaft erfolgreich vermehrte Art war der schwach blauglänzende Ritterkärpfling, *Xenoophorus captivus*. Er war für die Aquarianer nur deshalb besonders interessant, weil es sich nunmehr um einen „echten" Lebendgebärenden handelte, obgleich die Fische farblich als nicht sonderlich attraktiv empfunden wurden.

Aber bereits eine weitere importierte Art, der Rotschwanzkärpfling, *Xenotoca eiseni*, mit einem herrlichen Blauglanz in der Rückenpartie und von

Xenotoca eiseni, Männchen

den Nährstoffen, die im Dotter gespeichert sind. Es besteht also kein direkter Kontakt zwischen dem Blutkreislauf der Mutter und dem der Embryonen, wie das für „echte" lebendgebärende Arten typisch ist.

Aber selbst solche Tiere gibt es unter den Aquarienfischen. Sie werden allgemein Hochlandkärpflinge genannt, weil die ersten Vertreter im Hochland von Mexico gefunden wurden. Erst später hat sich herausgestellt, daß sie auch in Flußniederungen verbreitet sind. Die Jungfischentwicklung verläuft bei diesen Arten anders. Bereits vom Embryonalstadium an bilden die Jungfische Nährschläuche (Trophotaenien), über die Kontakt mit dem mütterlichen Blutkreislauf unterhalten wird. Der funktionelle Vergleich mit einer Nabelschnur ist durchaus zuläs-

intensivem Rot in der Schwanzwurzel der Männchen, sprach größere Kreise der Liebhaber an. Da die Vermehrung leicht gelingt, ist diese Art bisher auch der am weitesten verbreitete Vertreter der Hochlandkärpflinge geblieben. Doch das Artenangebot ist rückläufig. Fast alle Hochlandkärpflinge neigen nämlich zu Ruppigkeiten, vor allem gegenüber anderen Fischen. Ihrer Vergesellschaftung setzen sie damit Grenzen, die zunehmend zu Lasten ihrer Verbreitung ausgefallen sind. So haben manche attraktiven Vertreter, wie *Ameca splendens*, gerade noch die Spezialisten ereicht, ohne überhaupt populär geworden zu sein. Selbst der noch vor einigen Jahren als erster Angehöriger dieser Fischgruppe so erwartungsvoll begrüßte Ritterkärpfling lebt nur in wenigen Aquarien.

Xenotoca eiseni, Weibchen bei der Geburt

In Mexico werden durch die landwirtschaftliche Umgestaltung des Landes viele Feuchtgebiete zu nutzbarer Anbaufläche. Mit dem Verschwinden dieser oft eng begrenzten Gewässer drohen auch jene biologisch hoch interessanten Arten auszusterben. Ihre Erhaltung in Aquarien wäre von höchstem wissenschaftlichen Interesse. Dazu ist sie leicht möglich. In aller Welt finden sich immer mehr Interessengemeinschaften zur Erhaltung solcher bedrohten Lebensformen, und es scheint, daß der Erhaltung der Hochlandkärpflinge größte Aufmerksamkeit geschenkt werden muß.

Literatur:
SCHUBERT, P. (1989): Interessant und durchaus nicht farblos - Goodeiden 1 und 2. AT, S. 333-337, 377-379

Ameca splendens, zwei Männchen

Nahezu 1500 Aquarienfisch-Arten konnten im Verlauf der letzten hundert Jahre vermehrt werden, so daß die Aquaristik heute eine Freizeitbeschäftigung darstellt, die sich mit ihren Objekten selbst versorgen könnte. Daß das aus ökonomischen Gründen nicht durchgeführt wird, ist eine andere Frage und wurde von uns bereits diskutiert (S. 26). Technische Hilfsmittel wurden in einem Maße vervollkommnet, daß auch die Fortpflanzung einst für unzüchtbar gehaltener Arten früher oder später gelang. Eigenartigerweise sind jedoch alle Bemühungen um Schmerlen ohne nennenswerte Resultate geblieben.

Wenn in einigen Fällen doch die Zucht mancher Arten sogar in großen Mengen gelang, so nicht mit aquaristischen Methoden. Es wird über die erreichten Erfolge recht verschieden diskutiert. Der eine Standpunkt geht von der schwierigen Beschaffbarkeit dieser Fische aus und hält jedes Mittel für recht, das zur Vermehrung führt. Gemeint sind hier vor allem die hormonelle Stimulation durch Hypophysen-injektionen oder die Verabreichung von industriell hergestellten Hormon-pharmaka. Führend auf diesem Gebiet sind in der Aquaristik tätig gewordene Technologen der Speisefischzucht, vor allem in Rußland, Polen und Tschechien. Obgleich auch in der DDR-Aquaristik solche Praktiken angewendet wurden, ist ihre Verbreitung im Vergleich mit den

Botia sidthimunki

genannten Ländern außerordentlich begrenzt geblieben.

Streng „gläubige" Aquarianer der „alten Schule" lehnen derartige Methoden gewöhnlich ab. Das fällt umso leichter, je günstiger die Landeswährung im internationalen Tauschwert plaziert liegt und wie leicht dadurch regelmäßig Importe beschafft werden können. Nicht zufällig sind diese Methoden der hormonellen Stimulation in Ländern entwickelt worden, deren Aquarianern kein Zugriff auf die internationalen Importmärkte möglich war. Sie mußten mit wenigen Exemplaren auskommen und sich oft unter abenteuerlichen und für Westeuropäer kaum nachvollziehbaren Umständen solche Seltenheiten besorgen. Die begrenzte Lebenserwartung vieler tropischer und subtropischer Süßwasserfische zwang zum Handeln. Daß mit traditionellen Methoden solchen Arten nicht beizukommen war, hatten hinreichende Mißerfolge bewiesen. Man muß deshalb einfach aus der Situation heraus verstehen, daß die oft für mühsam ertauschte Devisen erlangten Exemplare nicht wieder sterben sollten, ohne Nachzucht erbracht zu haben. Wenn es also in der Nutzfischzucht Methoden gab, die Laichwilligkeit zu dem Zeitpunkt abzurufen, der sich als wirtschaftlich günstig erwies, so mußte mit solchen Methoden, angewandt auf Aquarienfische, das Ablaichen ebenfalls erzielt werden können. Von diesem gedanklichen Modell ausgehend, wurden seltene Karpfenfische, darunter auch Schmerlen, und vor allem Welse behandelt. Die Ergebnisse waren nicht in jedem Fall sofort gut, oft mußte die Dosierung nach Geschlechtern differenziert erfolgen. Schließlich gibt es heute in diesen Ländern Rezepturen und Technologien, die zu geradezu erstaunlichen Ergebnissen geführt haben. Es kam zu einem gegenläufigen Prozeß: Während beispielsweise *Labeo*-Arten (heute zu *Epalzeorhynchos* gezählt) einst in wenigen Exemplaren aus Westeuropa beschafft wurden, stammen heute viele Fransenlipper-Nachzuchten aus Rußland, ohne daß das außer dem importierenden Händler jemand weiß.

Wie gesagt, in der Beurteilung scheiden sich die Geister, aber die Beurteilenden gehen auch jeweils von verschiedenen Standpunkten aus. Wer die

Botia modesta

Botia morleti

künstliche Aufzucht von Buntbarschen, das Absetzen von Weibchen Lebendgebärender Zahnkarpfen in Wurfabteilen und die Aufzucht von Maulbrüter-Eiern in eigens dafür konstruierten Brutmaschinen verteufelt, wird auch mit Injektionsspritzen stimulierte Aquarienfische ablehnen, selbst wenn Nachzucht nur auf diesem Wege zu erzielen war. Andererseits wären sehr viele Fischarten den erwartungsvollen Liebhabern nicht so schnell und nicht so preiswert zugänglich gewesen, hätten die Züchter nicht Methoden ersonnnen, die eine garantierte Aufzucht nahezu aller aus Eiern geschlüpften Jungfische ermöglichte. Die „reine" Liebhaberei blieb natürlich bei Zucht und Handel schon wesentlich früher auf der Strecke.

In gewisser Weise tröstlich ist der Umstand, daß aus den mit hormoneller Stimulation gewonnenen Nachzuchten erstaunlicherweise Jungfische hervorgingen, die in Aquarien zur Geschlechtsreife gelangten und sich fortpflanzten, ohne daß erneut gespritzt werden mußte. Das ist für viele Wels-Arten belegt, für die Nachzuchten bei Karpfenfischen und Schmerlen allerdings nicht.

Solange das Aufkommen aus den Heimatländern noch so reichliche Fänge möglich macht, besteht freilich weiterhin auch die Möglichkeit, mit aquaristischen Methoden zu experimentieren. Ganz offensichtlich fehlt es an den Auslösern der letzten geschlechtlichen Reifung und der Laichaktivitäten. Die mit dem Eintritt der Regenzeit verbundenen Faktoren, wie Frischwasser, Abkühlung, Luftdrucksenkung und der „Plätschereffekt" bzw. starke Strömung haben sich in so vielen Fällen bewährt, bei Schmerlen nicht. Ob alle gelegentlich gemeldeten Zufallszuchten mit wenigen überlebenden Jungfischen einer Überprüfung standgehalten hätten, wurde schon immer bezweifelt. Und so fehlen auch bei den Schmerlen entsprechende Veröffentlichungen nicht. Die regelmäßige Zucht ist lediglich mit gespritzten Elterntieren gelungen. Und wer weiß, vielleicht wissen Sie nur nicht, daß Ihre Schmerlen aus solchen Nachzuchten stammen. Import heißt doch nur, daß sie die Grenze überschritten haben. Aber aus welcher Richtung?

Literatur:
OTT, G. (1995): Kenntnisstand der Fortpflanzungsbiologie tropischer Cobitoidea. In: GREVEN, H. und R. RIEHL: Fortpflanzungsbiologie der Aquarienfische. Symposiumband. B. Schmettkamp Verlag, Bornheim, S. 129-139

Carinotetraodon lorteti, Männchen

Carinotetraodon lorteti, Weibchen

Tetraodon fahaka

Zunächst einmal sind Kugelfische außerordentlich beliebt, weil ihre eiförmige Körpergestalt, auch ohne daß sie sich durch das Schlucken von Wasser oder Luft rundlich aufgebläht haben, dem „Kindchenschema" recht nahekommt. Zweitens schwimmen sie anders als die Mehrzahl der sonst in Aquarien gehaltenen Fische. Sie halten nämlich die Schwanzflosse still und bewegen sich durch schnelles Schlagen mit den Brustflossen sowie mit den hinteren Abschnitten von Rücken- und Afterflosse vorwärts. Dabei nehmen sie nahezu alle im dreidimensionalen Raum möglichen Stellungen ein, schwimmen also nicht berechenbar hin und her.

Wobei nehmen sie nun diese oft mit sichtlicher Mühe erreichten Körperhaltungen ein? Sie suchen nach ihrem Lieblingsfutter, den Schnecken. Und so hat sich mancher Aquarianer einen Kugelfisch oder einen kleinen Trupp dieser niedlich anzuschauenden Fische gekauft, um seiner Schneckenplage Herr zu werden. Das schafft schon ein Kugelfisch relativ schnell. Von da an

herrscht Schneckenmangel. Der Aquarianer ist nunmehr gezwungen, Schnecken von befreundeten Aquarianern zu besorgen, weil auch die rasante Vermehrung von Posthornschnecken dem Appetit der Kugelfische nicht standhält. Weicht man aber auf andere Futterarten aus, so droht die Gefahr von Zahnmißbildungen. Kugelfische besitzen nämlich schnabelartig angeordnete Zähne, mit deren Hilfe sie die Schneckenhäuser hörbar knacken können. Bei mangelnder Abnutzung wachsen aber diese Zähne immer mehr zusammen, so daß schließlich keine Nahrungsaufnahme mehr möglich ist.

Offenbar bemerken Schnecken auch die leichte Annäherung eines Kugelfisches und ziehen sich in ihr Gehäuse zurück. Junge Exemplare können das Schneckenhaus noch nicht beschädigen, zeigen sich aber recht findig, indem sie von der Pflanzenseite her an die Schneckenkörper heranzukommen versuchen. Im Ergebnis können so aus *Echinodorus*- und *Sagittaria*-Blättern unschöne „Lochstreifen" werden. So hält sich also die Begeisterung für Kugelfische meist nur kurze Zeit.

Viele Arten leben im Küstenbereich oder in Flußmündungen, wo sich das Süßwasser einmündender Flüsse mit dem Meerwasser zu Brackwasser mischt. Nur wenige Arten leben ständig im Süßwasser - auch das hat wiederum den Kreis der Interessierten eingeschränkt. So hätte man glauben müssen, daß die Entdeckung des Kamm-Kugelfisches, *Carinotetraodon lorteti* (auch unter den Bezeichnungen *C. somphongsi* und *C. chlupatii* im Handel), als einer ausschließlich in Süßwasser lebenden Art, der Kugelfisch der Aquarianer werden würde. Offenbar hat jedoch die Schwierigkeit der Nahrungsbeschaffung viele prinzipiell geneigte Aquarianer davon abgehalten.

Schließlich war von dieser Art sogar die Zucht gelungen. Männchen und Weibchen lassen sich relativ leicht unterscheiden. Die etwas größeren Männchen zeigen wechselnd eine ganze Farbpalette mit blauen, gelben und roten Zonen auf Kopf, Körper und Flossen, während die Weibchen erdfarben braun bis gelblich sind und unregelmäßige Striche und Punkte zu Linienmustern aufweisen. Das Männchen bewacht den Laichplatz auch nach dem Schlüpfen der Jungfische, die nicht schwerer aufzuziehen sind als kleine Buntbarsch-Arten. Sie waren zeitweilig sehr häufig im Handelsangebot, fanden aber nicht den erwarteten Käuferkreis. Verglichen mit der Aussichtslosigkeit, die im Brackwasser lebenden Arten bis zur Geschlechtsreife aufzuziehen und gar zu vermehren, haben die Aquarianer mit der Aufgabe des Kamm-Kugelfisches geradezu eine Chance vertan, auch diese mögliche Form unter Aquarienbedingungen weiterzuvermehren.

Literatur:

RICHTER, H. J. (1985): Der Kammkugelfisch, *Carinotetraodon somphongsi*. AT, S. 12-16

TYLER, J. C. (1978): Der Rotaugen-Kammkugelfisch, *Carinotetraodon lorteti*, aus Südostasien. DATZ, S. 118-121

Tetraodon steindachneri mit verwachsenen Zähnen

Buntbarsche

Etroplus maculatus, Männchen führt Jungfische

Es ist erst wenige Jahrzehnte her, da interessierten sich nahezu alle Aquarianer zunehmend für diese große Familie, von der Vertreter aus Amerika, Afrika und sogar aus Vorderindien bekannt sind. Besonders die Maulbrüter der ostafrikanischen Grabenseen mit ihrer attraktiven Farbgebung führten zu der Erscheinung, daß viele altgewohnte Fische kaum noch beachtet und nahezu ausschließlich diese Arten gehalten und gehandelt wurden.

In dieser krassen Form besteht die Begeisterung für Buntbarsche heute nicht mehr, doch haben nahezu alle Aquarianer auch Buntbarsche oder sie sind zu Spezialisten für irgendeine der zahlreichen Brutpflegeformen geworden. Was gibt es da aber auch alles! Viele Arten legen den Laich offen oder in Höhlen ab, und beide Elterntiere pflegen die freischwimmenden Jungfische. Dabei können Sie sich abwechseln oder ein Elternteil bleibt im Zentrum des Jungfischpulks, während

Pseudocrenilabrus multicolor, Weibchen mit Jungfischen

meist das Männchen das Außenrevier sichert. Bei anderen Arten kann ein dominierendes Männchen einen ganzen Harem von Weibchen im Revier dulden, doch müssen sich diese Mütter allein um die Jungfische kümmern. Bei der Wahl der Versteckplätze können die unterschiedlichsten Unterlagen genutzt werden: Blätter, Wurzeln, Steinplatten, hohle Baumstämme und eine ganze Gruppe danach genannter Formen laicht bevorzugt in Schneckenhäusern ab. Selbst unter den Arten, die Eier oder Jungfische im Maul schützen und erbrüten gibt es verschiedene

Cyprichromis leptosoma, Männchen

Diskus-Zuchtform „Türkis"

Fortpflanzungsweisen. So können gleich die Eier aufgenommen werden (ovophile Maulbrüter) während andere Arten nach Offenbrüterart laichen und erst die schlüpfenden Jungfische ins Maul nehmen und pflegen (larvophile Maulbrüter).

All das aber wird übertroffen von einer Anzahl im nördlichen Südamerika lebender nahezu kreisrunder Fische, die wegen ihrer Körpergestalt Diskus-Buntbarsche genannt werden. Neben den Wildformen, die für sich gesehen schon attraktive Tiere sind, ist es durch Mutationen und Kreuzungen verschiedener Wildfische zu ausgesprochen farbenprächtigen Zuchtformen gekommen. Doch nicht nur die attraktive Körperform und die viele

Aquarianer begeisternden Farben haben die Diskus-Liebhaber zu einer Aquarianergruppe mit besonderem Anstrich werden lassen. Vor allem die Brutpflege enthält eine Besonderheit, die ihresgleichen bei Fischen sucht. Nach dem Schlupf nehmen die Jungfische nämlich nicht das übliche, aus Larvenstadien von Kleinkrebsen bestehende Erstfutter an. Sie beginnen vielmehr, die Körperseiten der Elterntiere abzuweiden. Während der ersten Tage produzieren beide Elterntiere Körperschleim, dessen Ausmaß früher dazu führte, solche als krank eingeschätzten Fische schleunigst abzufangen, um die Jungfische nicht zu gefährden. Damit hatte man ihnen aber die Futterbasis für die erste Woche entzogen. Auch die Entdeckung dieses Zusammenhangs stieß zunächst auf Unglauben, gilt aber heute längst als gesichert. Eigenartigerweise wird von den Aquarianern noch immer angenommen, daß es sich um ein spezielles Sekret handele. Die wissenschaftlichen Arbeiten, in denen nachgewiesen wurde, daß lediglich verstärkt Schleimhaut abgegeben wird und keinerlei spezielle Nährdrüsen auffindbar waren, sind offenbar nicht beachtet worden.

Auch von anderen Buntbarschen wird gelegentlich berichtet, daß die Jungen bei Futtermangel auf den Körperseiten der Eltern Schleimhaut abzupfen. Eigene Beobachtungen an *Etroplus maculatus*, dem Indischen Buntbarsch und bei *Archocentrus sajica* aus Costa Rica ergaben jedoch stets,

Diskus-Zuchtform „Türkis" mit Jungfischen

daß die Eltern unter Anzeichen größten Unbehagens den Jungfischen mit geklemmten Flossen auswichen. Eine obligatorische Nährfunktion hat die Schleimhaut bei diesen Arten ganz offensichtlich nicht.

Es ist immer versucht worden, Diskus-Buntbarsche in Gesellschaftsaquarien zu pflegen oder Diskus-Buntbarsche wenigstens mit einigen anderen Arten zu vergesellschaften. Nur in den seltensten Fällen gingen solche Experimente gut. Wer die interessante Brutpflege dieser Fische erleben möchte, sollte ihnen ein Aquarium für sich bieten, einen Trupp Jungfische kaufen und sich die Paare selbst finden lassen. Ob-gleich in jedem Jahr Wildfänge zu stolzen Preisen importiert werden, sollte man als Unerfahrener lieber auf langjährige erprobte Inland-Zuchtstämme zurückgreifen, um erste Erfahrungen zu sammeln. Längst sind Diskus-Buntbarsche nicht mehr die empfindlichen Todeskandidaten zurückliegender Zeiten, das können sie allerdings bei unzureichender Pflege schneller als andere Arten werden.

Literatur:
BREMER, H. & U. WALTER (1986): Was fressen junge Diskusbuntbarsche. AT, S. 14-17

Ist schon für so manchen biologisch weniger Kundigen die Tatsache von ausgeprägten Brutpflegehandlungen auf einer so niedrigen Entwicklungsstufe, wie man sie den Fischen gewöhnlich beimißt, eine Besonderheit, so muß noch mehr verwundern, daß es Arten gibt, die selbst keine Brutpflege ausüben, sondern ihre Nachkommenschaft anderen Arten unterschieben.

Mit den afrikanischen maulbrütenden Buntbarschen wurde jedoch eine Wels-Art bekannt, deren Fortpflanzung nur gelingt, wenn die Welse ihre Eier zeitgleich mit den laichenden Buntbarschen so gezielt absetzen, daß sie von den Weibchen mit aufgenommen werden. Schon das allein ist eine Spezialisierung von hoher einseitiger Abhängigkeit. Doch damit nicht genug. Laboruntersuchungen ergaben, daß die Welse, es handelt sich um *Synodontis multipunctatus*, relativ dotterarme Eier abgeben. Andererseits ist der Dottervorrat der Buntbarsch-Eier sehr hoch. Den Weibchen entnommene Wels-Eier entwickelten sich bis zum Schlupf, danach starben die geschlüpften Welse ab. Wurden sie dagegen mit Buntbarsch-Eiern gemeinsam erbrütet, so begannen sie schon bald, die Eier und später die noch mit großem Dottersack schlüpfenden Jungen aufzubeißen und zu verzehren. Damit wird nicht nur ein Schutz der Eier und der Jungfische dieser Welse erreicht, sie nutzen auch den Nährstoffvorrat der unentwickelten jungen Buntbarsche, um heranwachsen zu können. Auch dieses Beispiel verdeutlicht, wie vielfältig die Verhaltensweisen der in Aquarien mit relativ geringem Aufwand zu haltenden Fischarten sind und rundet die Forderung nach Bewahrung solcher Lebensformen zur Veranschaulichung der Formenvielfalt ab.

Literatur:

SCHRADER, E. (1993): Untersuchungen zum Brutparasitismus von Fiederbartwelsen 1 und 2. DATZ, S. 426-434, 492-495

Synodontis multipunctatus

Für die Aquaristik geeignet?

Schon unter den Arten, die ständig im Angebot sind, gibt es Fische, die einfach nicht in jedes Aquarium passen. Das gilt sowohl für ihre Endgröße als auch für ihre Verhaltensweisen. Ein typisches Beispiel ist der Pfauenaugenbuntbarsch, *Astronotus ocellatus*. In der handelsüblichen Verkaufsgröße sehen die Jungfische dieser Art ausgesprochen attraktiv aus und erinnern in der Farbverteilung an Korallenfische. Auch ihre Schwimmweise unterscheidet sich in dieser Größe noch von der anderer Buntbarsche, so daß es viele Aquarianer geradezu Überwindung kostet, nicht doch ein paar Exemplare mitzunehmen. Leider wird man nur in guten Fachhandlungen „gewarnt", denn erwachsen erreichen diese Fische über 30 cm Länge und gelten in barsche Größenordnungen von 2 m Länge und über 500 l Wasserinhalt keine Seltenheiten mehr. Damit ist freilich auch die Möglichkeit gegeben, weitaus größere Arten in Zimmeraquarien zu pflegen. Noch immer werden aber auch für Aquarien weitaus geringerer Abmessungen unbedacht Jungfische gekauft, über deren Größe und Verhalten im Augenblick des Kaufs nur unzureichende Kenntnisse vorhanden sind.

Leider hat sich seitens des Handels auch die Unsitte eingebürgert, zum Teil auffällige und ansprechende Jungfische von Arten anzubieten, die in ihren Heimatländern Speisefische darstellen und Größen von fast einem Meter Länge, oft sogar darüber, erreichen. Das begann mit Haiwelsen der Gattung

Acipenser ruthenus

ihrer Heimat als beliebte Speisefische. Mit zunehmender Größe verlieren sie auch farblich an Attraktivität, ganz abgesehen davon, daß ihre räuberische Lebensweise zur Dezimierung des Fischbestandes führt.

Zwar haben sich die Durchschnittsgrößen der in Wohnzimmern stehenden Aquarien gegenüber vergangenen Zeiten geändert. Wurde einst ein Aquarium von 100 cm Länge bereits als groß empfunden, so sind spätestens seit dem Auftreten der Malawi-Bunt-

Pangasius in mehreren Arten. Überhaupt scheint der Bezugsname „Hai" vor einem Artnamen auf die Käufer eine gewisse Anziehungskraft auszuüben, denn auch Hai-Barben, *Balantiocheilus melanopterus*, werden gern gekauft, obgleich sie erwachsen über 30 cm lang werden können. Bei diesen Fischen kommt hinzu, daß sie mit dem Heranwachsen spezialisierte Pflanzenfresser werden und das Aquarium völlig kahl fressen können. Das gleiche trifft auch für *Barbus schwa-*

Colossoma sp.

nenfeldii und *Leptobarbus hoevenii*
zu. Die letztere Art wird sogar häufig
irreführend als „*Rasbora* sp." angeboten.

Seltsamerweise sind die Aquarianer
wählerischer und vorsichtiger, wenn es
sich um ihnen noch unbekannte Buntbarsche handelt - mit der bereits genannten Ausnahme, dem Pfauenaugenbuntbarsch. Aber bei Welsen und anderen „urtümlich" wirkenden Arten
scheint diese Hemmschwelle bedeu-
tend niedriger zu sein.

Nun haben wir in den vorangehenden
Kapiteln auf den Sonderstatus der verschiedensten Fische hingewiesen und
nicht vergessen, die Verdienste der
Aquaristik beim Kennenlernen der biologischen Äußerungen solcher Arten
hervorzuheben. Vom Kauf alles Unge-
wohnten abzuraten bedeutet aber, den
Zugang zu aquaristischem Neuland zu
versperren. Das kann hier auch nicht
gemeint sein!

Es muß aber jedoch gewarnt werden,
in die üblichen Gesellschaftsaquarien
Arten allein wegen ihrer zeitweiligen
Attraktivität zu setzen, ohne deren
Bedürfnisse und Fortentwicklung auch
nur annähernd zu kennen. Das hat so-

Potamotrygon motoro

Xenomystis nigri

wohl etwas mit Artenschutz als auch
mit pflegerischer Verantwortung für
die betreffenden Lebewesen zu tun.
Wer sich dann mit der festen Absicht,
gerade diese Art zu bearbeiten und damit Wissenslücken zu füllen, eine Anzahl jener Fische beschafft, ist auf dem
richtigen Weg. Weil ich oft nach Spon-

tankäufen um Rat gefragt werde, ist es
leider auch meine Erfahrung, daß
solche Fische ausschließlich mit den
Augen und nach Augenblickseingebun-
gen gekauft werden. Erst dann, wenn
die Bepflanzung beschädigt oder kleinere Fische verzehrt wurden, beginnen
die leichtfertigen Käufer, Erkundigun-

Tetraodon leiurus

gen über die Neuerwerbungen einzuziehen. Und oft höre ich, daß diese Fische niemals gekauft worden wären, wenn man gewußt hätte…

Das wirft auch ein schlechtes Licht auf die Beratungsfunktion, die dem Händler mit lebenden Tieren zukommt. Wie schon im Eingangsbeispiel erwähnt, wird ja nicht einmal vor jungen Pfauenaugenbuntbarschen „gewarnt". Und leider können manche Händler bei Neuheiten nicht einmal den wissenschaftlichen Namen mitteilen, unter dem möglicherweise Informationen zur Endgröße und zu den Lebensbe-

Arten positiv zu besetzen. Dazu gehört etwas Überlegung vor dem Kauf und eine Einschätzung der eigenen Möglichkeiten und Zielstellungen. Schließlich handelt es sich um lebende Tiere, deren Lebensanforderungen erfüllt werden müssen, damit ihre Lebensäußerungen beobachtet werden können. Im Verlauf der Ausführungen konnte auch gezeigt werden, daß die technischen Hilfsmittel allenfalls in der Lage sind, die Haltungsvoraussetzungen zu verbessern. Darüber hinaus jedoch gehören auch Vergesellschaftung, Fütterung und Schwimmraum zu den

Petrocephalus bovei

dürfnissen der Tiere nachzulesen sind. Zumindest wäre etwas über die Heimatgebiete zu erfahren und damit auch, ob es sich möglicherweise um Speisefisch handelt. In guten Fachgeschäften werden diese Verpflichtungen erfüllt, leider aber verkaufen auch lediglich am Umsatz interessierte Händler jeden Fisch an jeden Käufer. In dieser Broschüre sollte keineswegs versucht werden, den Geschmack der Aquarianer bei der Auswahl seiner Fische zu gängeln. Vielmehr ist die Absicht dieser Betrachtungen, das Erlebnisfeld Aquarium durch Auswahl geeigneter und biologisch interessanter

Faktoren, die eben manche Aquarienfische zu Besonderheiten und weitere Arten zu Sonderlingen machen. Es hat wenig Sinn, jene Fische mit speziellen Eigenschaften in Gesellschaftsaquarien nivellieren zu wollen. Das geht entweder zu Lasten der Beifische oder hindert die Entfaltung eben dieser besondere Anforderungen stellenden Arten. Es ist besser, auf solche Fische zu verzichten und sie sich bei spezialisierten Freunden oder in Schauaquarien anzusehen.

Index

Literatur

BAENSCH, H. A. & R. RIEHL
(1985):Aquarienatlas, Bd. 2 Mergus Verlag,
Melle

RIEHL, R. & H. A. BAENSCH
(1983):Aquarienatlas, Bd. 1, 3. Aufl. Mergus
Verlag, Melle

RIEHL, R. & H. A. BAENSCH(1990):
Aquarienatlas, Bd. 3, Mergus Verlag, Melle

STALLKNECHT, H. (1994): Man nennt sie
Salmler, Tetra Verlag, Melle.

STALLKNECHT, H.(1994): Barben und
Bärblinge, Tetra Verlag, Melle.

STERBA, G. (1987): Süßwasserfische der
Welt.
Urania Verlag, Leizig, Jena, Berlin.

Sphaerichthys osphromenoides selatanensis